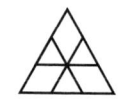

社会建构论译丛

上海文化发展基金会图书出版专项基金资助项目
焦点科技股份有限公司"优势教育"项目

杨莉萍 [美]肯尼思·J.格根 主编

Mapping Dialogue:
Essential Tools for
Social Change

映射对话：
社会变革的重要工具

[丹麦] 玛丽安娜·米勒·博耶尔 [德国] 海科·勒尔
[丹麦] 玛丽安娜·克努特 [南非] 科琳·马格纳 著
贾林祥 译

上海教育出版社

献给那些在对话中需要被倾听的人

Editors' Preface　　　译丛总序 I

能够同中国的研究者、学生和实践者分享有关这套丛书的想法,我深感荣幸和快乐。感谢上海教育出版社提供这个机会。在过去三十多年的时间里,我一直致力于有关知识的性质、真理、客观现实和理性的深远对话。这些对话质疑所有为长期受推崇的传统理念辩护或提供基础的那样一类尝试。对话产生于不同族群长期争斗而充满血腥味的人类历史,人们纷纷主张自己对知识、真理、客观现实和理性的话语权。因为,承认某一种现实、理性和道德,意味着不赞成这种观点的那些人被踢出局;声称某些人在这些方面具有优越性,意味着其他声音被定义为低劣。一部血雨腥风的人类史几乎就是由对真实、理性和道德的不同信念与分歧写就的。对话的重要成果之一便是这样一种意识的扩展,即我们的信念是由处于不同历史时期、不同文化背景下的组织内部发展出来的。换句话说,我们关于真理、客观现

映射对话：社会变革的重要工具
Mapping Dialogue: Essential Tools for Social Change

实和理性的信念是在社会中被建构出来的。除此之外，再无别的基础。正是这种认识促使人们开始尝试从过去各种对真理的诉求中解放出来。事实上，一切被我们视为真理、事实和正确的东西都具有可选择性，都可以是另外一种样子。更重要的是，这种建构的意识促使人们广泛探索，共同开发创造未来的潜能。"共同"这个词非常重要，我们在此所说的并不是个体的而是在社会中被创造出来的现实。

  这样的对话在世界范围内蔓延。这不再是"西方价值向世界其他区域的传播"，而是到处都面临着同样紧迫的难题，即怎样才能在这样一个充满分歧的世界中顺利前行。当代科学技术让世界大大缩小，我们发觉自己越来越多地需要面对那些信守与我们不一样的现实、理性和价值的人。这些分歧不仅导致个体对"异己者"产生冷漠，而且是滋生仇恨和掳掠的温床。在这样一个任何个体都有能力创造出毁灭性武器的星球上，我们有可能要面对"所有人反对所有人"的未来。那么，至少我们应该了解建构了我们的信念的文化和历史根源，以及它们的优势和局限性。更进一步，我们必须找到弥合分歧的途径和办法。如果加上足够的创造性，我们甚至可以开展新的建设性的合作。

这场对话的全球性参与，部分是基于这样一个事实，即许多文化本身就包含或推崇某些与建构论相一致的传统。一个显著的例子便来自中国文化。我们发现，儒家、道家和佛家传统都可能丰富当代建构论的对话，它们都意识到关系和谐的重要性。当然，这并不意味着有关社会建构论的对话与这些传统完全相同，你甚至可以从中发现许多冲突，这一点都不奇怪。从建构论的立场看，重要的不是分辨谁真谁假，或评价谁对谁错，而是分享和成长。我们可以基于彼此的相似性，越来越多地领会我们之间的不同。基于任何一种分歧，我们都有可能发展出拓展行动潜能的可能性。在这种意义上，建构论的对话不服从任何个人，而是归属于所有的人。对话的目的不是要把建构论奉为新的真理，而是接受各种思想的涌现，但不再把它们视为自然规律，只是视它们为被建构出来的可能性。建构论并不是某种依据传统标准判断事物真假对错的信念系统，而是通过不断对话或以对话为工具，创造各种能够给我们带来惊喜的美好事物。

这样的结果如今发生在世界各地：从挪威对问题青少年的教育系统到巴西的平安社区建设，从加拿大小镇的管理到南非的调停努力，从澳大利亚新的治疗实践到阿拉伯联合酋长国妇

映射对话：社会变革的重要工具
Mapping Dialogue: Essential Tools for Social Change

女的职业化，等等。因此，对我来说，能够参与有关建构论的中国对话，了解与当地文化和历史密切相关的建构论实践，是一件特别值得高兴的事。我在中国遇见许多研究者、学生和专业人士，他们为建构论的对话注入了新的活力，同时也发出了质疑的声音。他们有着自己特殊的关切、希望和价值，他们将来自中国文化传统的敏锐鉴赏力融入对话。通过与他们讨论，我看到激动人心的新的实践已经出现。所有这些都是加入全球共享的重要开端。就个人而言，我愿意充当这些富有启发性的发展的推进者。

　　与此同时，感谢上海教育出版社的朋友，是他们促成了这一重要的交流，将这套书由英文翻译成中文出版。我和莉萍教授一起工作，并得到她的和我的同事们的帮助。到目前为止，我们共选择了10部重要著作组成"社会建构论译丛"这一丛书，未来有可能再增添新的著作。对这些书的选择是出于几个方面的考虑，希望这些来自不同领域的著作能够向中国读者传达社会建构论的思想和理论观点，介绍某些符合建构论特点的重要研究形式，展现建构论思想的一系列实践成果。其中一些著作还反映出建构论思想如何引导新的写作方式。策划这套丛书的目的并不是为中国未来的工作提供模板或一系列行动指南,而是希望这套丛书能在中国引发更多的讨论、研究和实践。因为一旦建构论的思想和意象植根于这片肥沃的文化土壤,全人类都将受益于即将发生的观念创新。我热切地期盼着收获季节的到来。

肯尼思·J.格根

美国斯沃斯莫尔学院资深教授

陶斯研究院院长

Editors' Preface　　　　　译丛总序Ⅱ

当前中国社会普遍存在的心理问题，一是心态不够积极，二是追求功利主义。一方面，各行各业的人，无论从事什么工作，大多缺乏由衷的热情，萎靡不振，因此缺少创新。在学校里，学生学习不是出于兴趣，教师教学也不是因为喜欢这个职业，大部分行政管理和后勤人员满足于维持现状。在组织中，同样很少有人把工作当成实现自我价值的手段。多数时候，人们缺乏幸福感，体验不到生活的乐趣和生命的意义。另一方面，对很多人而言，生活中最重要的目标是追求个人名利，尤其是经济利益。当每个人都在为一己私利去拼、去抢、去战斗的时候，整个社会表现出来的便是人与人之间界限分明，缺少温情、善意、信任与友爱。家庭不稳定，医患关系紧张，经济和商业领域充斥着大量欺诈，老百姓热衷于将落马官员当成茶余饭后的谈资与消遣，等等。所有这些社会心理现象，都与欧洲文艺复兴和启蒙运动以来占主导地位的个体理性主义哲学，以及以此为典型特征的现代主义文化，存在深层次的因果关系。

作为一个有着悠久历史和古老文明的民族，我们的老祖宗倡导"人法地，地法天，天法道，道法自然"，这当中蕴含着丰富的"天人合一"的系统论和生态学思想。然而，这些如今在西方被视为最先进的理念，在国内，其价值并未受到应有的重视。相反，自清朝末年开始的西学东渐，使得西方个体主义哲学不断移入，冲击了我们的传统文化，几乎成为社会主要的意识形态，这实在是令人遗憾的事。

1949年以后，中国以马克思主义为哲学宗旨，以建设社会主义强国为发展目标。集体主义作为社会主流价值，与西方个体主义的价值观形成对立。与个体主义相比，集体主义确实具有很多优势。时至今日，中国社会依靠集体力量创造了许许多多的壮举，为全世界瞩目。但是，集体主义就其本质而言，不过是放大了的个体主义，仍旧存在很多弊端。各种小集团的利益、地方保护主义以及形形色色的群体和组织之间的竞争，破坏了组织内部和个体之间的团结，进而使得整个社会失去和谐与稳定，并最终失去活力。

社会建构论虽不能说是解决这些社会和心理问题唯一的理论纲领和实践模式，但至少为这些问题的解决提供了一套切实可行的理论框架和实践策略。作为一种看待世界和我们自己的全新方式，社会建构论既是一种理念，也是一种行动；既是一种思维方式，也是一种生活和行为方式。以1985年格根（Kenneth J. Gergen）先生发表《现代心理学中的社会建构论运动》一文作为社会建构论正式创立的时间，经过30年的发展，社会建构论已经由最初着力于批判或解构，发展到后来的进一步建构；由对理论、方法的研究发展到具体的实践，对于人的健康自我的重建、人际纠纷的解决、学校教育与各类组织的管理、各项社会政策的制定乃至国际政治关系的处理等，形成了一整套较为成熟的思想、理论、方法和实践体系。这套体系对于解决我国当前普遍存在的各类社会和心理问题，具有重要的应用或工具价值。

"社会建构论译丛"缘起于2011年夏天我对格根夫妇的访问。那段时间，我正在美国田纳西州范德堡大学做访问学者。由于长期研究社会建构论，与格根先生有过一些书信往来，他因此邀请我去斯沃斯莫尔他的家里做客，并最终于当年的8月17日至21日成行。访问期间，我向格根先生请教了有关社会建

映射对话：社会变革的重要工具
Mapping Dialogue: Essential Tools for Social Change

构论的诸多问题，也向他介绍了社会建构论在中国的发展情况。那次访谈的部分内容以英文发表在《心理学研究》(*Psychological Studies*)2012年第57卷，中文发表于《教育研究与实验》2012年第4期。正是在那次访问期间，我和格根先生达成共识，鉴于中国当前社会变革与发展过程中存在的诸多问题，有必要将社会建构论在中国的推广作为一项长期的事业。格根先生代表国际社会建构论研究中心陶斯研究院表示，对于我们在中国的事业给予无条件的支持和帮助，包括成立中国社会建构论研究中心，筹备社会建构论的中文网站，与有着同样志趣的学校、组织和机构开展合作，等等。与上海教育出版社合作的这套译丛，便是社会建构论在中国推广项目的一部分。

从格根先生最早于1973年发表《作为历史的社会心理学》，即社会建构论思想萌芽开始到现在，经过40多年的努力，社会建构论已经发展成为包括系统化的原理、多样化的方法和多领域的实践在内的不断丰富和完善的理论和应用体系。这套译丛意图全面反映社会建构论在理论、方法和实践三个层面的发展。入选书目都是社会建构论领域最新、最有价值、最具代表性的经典著作。其中，《社会建构：进入对话》《社会建构的邀请（第三版）》《关系性存在：超越自我与共同体》《赞美他者：人性的对话理论》和《性别与疾病的社会建构》主要介绍社会建构论的理论基础，《叙事分析：个体在社会中的发展研究》和《话语心理学》属于方法系列，《欣赏型探究：一种建设合作能力的积极方式》《映射对话：社会变革的重要工具》和《社会建构与社会工作实践：解释与创新》则反映了社会建构论在人际交往、组织管理、社会工作等实践领域的应用。

"社会建构论译丛"的所有入选书目均由格根先生亲自挑选并最终确定，他还在丛书翻译的过程中亲自担任学术和专业顾问。我负责这套丛书的策划、申请、组织和项目实施。参与丛书翻译的译者都是我多年的好友，也是对社会建构论有着长期研究和浓厚兴趣的学者和教授。他们既是社会建构论领域的研究者，也是积极的实践者和热情的推广者。在当下名利观念甚嚣尘上，而学术评价制度十分不利于译著出版的背景下，完成一部学术著作的翻译需要作出很大的牺牲。作为译丛主编，我对他们深表敬意，感谢他们为这套译丛作出的贡献。我还要向上海教育出版社袁彬副总编、心理学编辑室全体编辑以及其他工作人员表达谢意，他们为这套译丛的出版付出了很多心思和不懈

映射对话：社会变革的重要工具
Mapping Dialogue: Essential Tools for Social Change

的努力。

社会变革是包括制度与文化、教育与管理、人的思想观念与行为习惯在内的系统变革。社会心态由萎靡不振到积极向上，整个社会由危机四伏到稳定团结，需要经过长期不懈的积极建构，而我们都是这一过程的见证人和参与者。与其被动地"反映现实"或顺应"客观规律"，为所谓的"事实"或"规律"所蒙蔽和奴役，不如主动参与建构某种我们想要的"事实"，创造真正能够为人类和社会带来福祉的"规律"。人类社会的未来不仅取决于我们对于未来的某种理想，更取决于我们每个人以什么样的方式参与对这种理想的建构。社会建构论不仅积极倡导相互理解、对话与共同创造的价值和理念，更为如何相互理解、如何参与对话、如何共同创造提供了系统的方法和行为指导。我和格根先生同样相信并期待，这套译丛的出版能对中国当前社会的变革和发展起到切实的推进作用。

杨莉萍

2016年1月于南京随园

Contents　　　　　　　目录

前言	1
导读	1
I　对话的基础	**1**
明确的目的	1
好问题	3
参与和参与者	4
基本的过程结构	5
原则	8
工具选择	9
主持人	10
物理空间	16
II　对话的工具	**18**
方法追踪	19
对话的目标	22
对话的环境	23
欣赏型探究	27

映射对话：社会变革的重要工具
Mapping Dialogue: Essential Tools for Social Change

概述	27
欣赏型探究的过程	29
应用	32
案例——想象运动	33
评价	38

变革实验室   40

概述	40
变革实验室的阶段	42
应用	43
案例——可持续食品实验室	45
评价	48

圈子   51

概述	51
应用	58
案例——库方达村	59
评价	62

深度民主   64

概述	64
应用	71
案例——丹麦的移民和荣誉话题	71
评价	73

未来探索   76

概述	76

应用	81
案例	83
评价	85

巴以和平学校 87
概述	87
应用	91
案例——成人项目和青年人项目	92
评价	96

开放空间技术 98
概述	98
应用	104
两个案例	105
评价	108

远景规划 111
概述	111
准备一个远景规划过程	112
过程	113
应用	118
案例——南非蒙特弗勒的远景规划过程	118
评价	120

持续性对话 122
概述	122
应用	130

案例——津巴布韦南非民主研究所的青少年计划	130
评价	132

世界咖啡馆 — 135
- 概述 — 135
- 应用 — 139
- 案例——从毛利林业声明到挪威城镇规划 — 140
- 评价 — 143

附加工具 — 145
- 伯姆对话 — 146
- 公民委员会 — 150
- 实践社区 — 151
- 深层生态学 — 152
- 动态促进和选择创建 — 154
- 焦点群体 — 155
- 图形促进 — 156
- 学习之旅 — 157
- 倾听项目和对话访谈 — 158
- 苏格拉底式对话 — 159
- 故事对话 — 160
- 受压迫者剧场 — 161
- 21世纪城镇会议 — 163

III 结语：非洲对话 — 164
生活对话 — 165

村庄集会 167
　　吸取教训 170

附录 A 172
附录 B 174
参考资料 176
中英文术语对照表 183
中英文人名对照表 185

Foreword　　　　　前言

当今世界面临的挑战日趋复杂,人们相互依存的需要也不断增强,所有这些都要求我们通过彼此接洽来寻求解决路径。参与和民主的文化需要从未像现在这样强烈,这一点在你详细调查世界民主政治制度论述其公民问题的现状时将表现得尤为显著。影响社会的很多问题仍然没有得到解决,这要么是因为冲突中的群体未能团结一致,要么是因为民主制度遭到破坏和政府式微。

曼德拉(Nelson Mandela)一生致力于对话。正是由于他和那些致力于和平协商的人的努力,南非才实现从种族隔离向民主政治的转变。南非在协商解决问题方面的成功为世界提供了一种问题解决的模式。之所以进行对话,是因为公民需要打破种族隔离的桎梏,为所有人建立一个公正的社会,以发展他们的真正潜能。

> 我总是想尽量先听听每个人在讨论中说了什么,然后才敢说出我自己的观点。
> ——曼德拉

映射对话：社会变革的重要工具
Mapping Dialogue: Essential Tools for Social Change

曼德拉基金会旗下的记忆和对话研究中心（Nelson Mandela Foundation Centre of Memory and Dialogue）继承了曼德拉先生的遗志，致力于发展和巩固对话。该中心旨在利用基金会创始人的经历、经验、价值观、洞察力和领导能力来搭建一个超越政党的公众对话平台，并就重大社会问题召开对话，为实现公正社会作出贡献，甚至在政策水平上优先实现决策共享。

我们已进行了多方对话来探讨各种问题，如受教育的机会、贫困地区社区居民获得艾滋病抗逆转录病毒治疗的机会，以及孤儿、穷人和艾滋病患者的困境、不平等的两性关系、人权、媒体报道对社会的影响等。

这是一本关于对话方法论的书籍，本书的出版正值行动者与其他致力于寻求社会难题解决之道的人需要掌握更多工具以实现稳定的社会变革之时。我们相信读者也会和我们一样从本书中获益良多。

玛瑟茫格·迪亚贺（Mothomang Diaho）博士
曼德拉基金会
记忆和对话研究中心
对话项目主持人

Introduction　　　　　　　　导读

当我们于 2005 年夏天相聚在一起讨论有关支持曼德拉基金会的对话工作的议题时,我们都很兴奋。我们都觉得我们参与了一个具有重大意义的项目。这是一个可为对话解决问题作出贡献并与以往解决方案有所区别的有意义的项目。

那时,作为对话的实践者,米勒(Marianne Mille Bojer)、玛丽安娜(Marianne Knuth)和科琳(Colleen Magner)已深入参与到这个项目中。在参与这一项目的过程中,米勒创设了多方参与的变革实验室(Change Lab),讨论南非孤儿和贫弱儿童的危机问题;科琳在南非一所知名商学院忙于管理一个广泛对话项目,玛丽安娜则在津巴布韦管理一个有创新意识的农村学习村。与此同时,作为一名驻地顾问,海科(Heiko Roehl)在其生命的最后两年里,一直居住在曼德拉基金会的所在地——南非约翰内斯堡。德国政府借调他来,通过德国技术合作(German Technical Co-Operation,GTZ)帮扶基金会的组织发展。那一

映射对话：社会变革的重要工具
Mapping Dialogue: Essential Tools for Social Change

年，基金会的托管董事会（Board of Trustees）决定将对话作为基金会的工作重心，对话被视为基金会遗产的一个不可或缺的组成部分。自南非开始向民主政治制度过渡和转变，曼德拉展露出强大的包容能力，他同时清醒地认识到全方位倾听的重要性，并发自内心地认可：每个人都是未来难题的一部分，每个人都需要参与并共同向前发展。

我们和基金会的管理团队一道，努力从不同的对话方法和路径中借鉴经验，构建一个有关各种对话工具及其具体贡献、优势和缺点的总体框架。我们试图让人们相信，本书是一种可实践、可利用的资源，而不是一种学术练习。因此，我们借助一些说明性的案例研究和易于使用的备忘录，以及一个对所描述的工具进行总体评价的章节，使读者能根据给定的情境确定各种对话工具的潜在利用价值。

本项目受基金会委托，探索对话的方式，用于论述南非的社会变革，同时，我们也希望，这个项目能为那些与我们一样有着提高人类对话质量的兴趣和愿望的人提供帮助。

项目的成果是一份报告——《映射对话：一个关于社会变革的对话工具和过程的研究项目》。我们决定将这份报告公布在"变革先锋"网站上，以便广大读者使用。事实证明，这是个非常好的主意。这份报告受到了广泛关注,我们收到了来自全世界的正面的、鼓励性的评价和反馈。很多与社会发展有关的群体纷纷对这一研究表示感谢,并在他们的网站上添加链接。

然而,我们始终清楚这样一个事实,即互联网并不是处处皆有。我们也知道,这样的方式难免会使我们错过这个领域中喜欢随身携带纸质书的人。因此,2006年冬天,我们在约翰内斯堡梅尔维尔(Melville)的一个小咖啡馆里萌生了出版本书的想法。

> 答案往往是你已走过的路的一部分,只有问题指向未来。
> ——戈德尔(Jostein Gaarder)

现代世界喜爱答案。我们喜欢迅速地解决问题。我们喜欢清楚地了解前方的道路。我们喜欢知道应该做什么。我们不想"重蹈覆辙"或"浪费时间"。当我们知道答案或前进方向时,我们渴望将信息传递给其他人:通过媒体和各种训练计划,教师将答案传递给学生;通过演讲,专家站在讲坛上,数百听众在观众席里倾听(或假装倾听)。虽然,在某些情境下,这种人类对话途径是有效的,但出于两个原因,这种对话途径在研究21世纪面临的社会挑战时会变得特别成问题。

首先,我们生活在一个日趋复杂和相互关联的世界,答案的有效期变得非常短。并不是所有的问题都是复杂的,但绝大多数社会问题是复杂的,贫穷、艾滋病和犯罪就是极好的例子。

其次,人们似乎都有解决自身问题的内在驱动力。人类对自由和自主有着积极的、深层的原动力。我们发现,在给定的适宜环境中,当人们需要寻找解决所面临的问题的途径时,通常会比预期的要睿智得多。当公式化的反应是由外部输入的或强加的时,它们会遭遇抵制并常常失败。之所以如此,部分是由于它们并不完全适合给定的情境,但更多的原因在于,人们没有参与决策,或者做决策时没有咨询他们的意见而导致所有权缺失。

即便只是这两个原因,作为变革的推动者,我们也需要善于提问、善于讨论和彼此倾听。这些是由来已久的竞争力。几千年来,世界各地的人们通过集体挑战来工作,并通过对话来创建解决问题的方案。然而,当今我们中的大多数似乎已经忘记如何参与以及如何进行对话。现今,我们处在信息超载、电子通信、科学理性和组织复杂的时代,有时我们甚至感觉好像已经忘记彼此间应如何进行对话。对话的艺术呈现出衰退的趋势。

过去的几个世纪中,在技术发展上投入的时间和资源的总和是不可想象的。我们今天看到的结果也同样令人难以置信。当前,在世纪之初,我们可以通过太空望远镜(space-based telescope)来了解宇宙的起源,可以在粒子物理实验室内观察最小的颗粒——质子——之间碰撞会发生什么,以及惊叹几个世纪的不懈努力所创造的各种技术奇迹。与此同时,具有讽刺意味的是,我们仍在采用与几百年前相同的方式来进行交流和解决问题,或者如前文所述,变得更糟糕。看看2008年的世界,人类对话的发展似乎还有一段很长的路要走。

使用本书

在交谈和对话领域航行时,我们发现,"对话"这个术语的含义非常宽泛。本书中的一个访谈便指出,对话包括与自身对话、与自然对话、与过去和将来对话,以及在线对话。为了使主题集中,我们决定将本书的对话方法缩小至适用于为解决集体面临的社会挑战而召开的面对面群体会议的那些方法。

以此为焦点,我们选择的途径(或工具)具有多样性。有些是专门为20人的小型群体设计的,而其他的设计能同时容纳1 200—5 000人进行对话。有些聚焦于探索和解决冲突与困难,而其他强调以效果和协商一致为先。有些是明显的组间对话,而其他要求每个参与者作为独立个体参与。纵观所有这些对话方法,一些清晰的、常见的模式涌现了出来。

映射对话：社会变革的重要工具
Mapping Dialogue: Essential Tools for Social Change

我们关注的所有工具能实现开放的交谈、诚实的讲演、真诚的倾听。这些工具允许人们对其学习和观念负责，它们为人们创造了一个安全的空间或"容器"，使人们能呈现假设，并对以前的感知、判断和世界观进行诘问，进而改变思维方式；这些工具能使人们产生远超从前的新理念和问题解决方案，在不同水平和层次上理解问题，并允许人们在更多的情境中综合运用观察的方法。

如今，尽管在不同的情境下，我们可利用的对话方法呈现出多样性，但这些对话方法都是对类似需要和发现作出的反应。它们是更大转变的一部分，这种转变发生在复杂性和多样性不断增强，人们更加清醒地意识到彼此之间相互依赖的情况下。因此，人们需要彼此倾听、理解和协作。

本书深入介绍了十种对话方法，并简要介绍了其他一些方法。本书主要由三部分构成。

- 第一部分是对话的基础。该部分主要为优秀的对话过程的通用基础提供解释。它是非常重要的部分，是实际工具箱（actual toolkit）的基础，应该提前阅读。

- 第二部分是实际工具箱。在这里，你可以找到对十种对话方法的深入解释和对其他工具的简要描述。每种方法都包含工具的独特性展示、应用情况回顾、案例,以及我们的评论。这些对话方法只是简单地根据字母顺序进行排列。

- 最后是结语部分。其中肯定了非洲的对话传统,探讨了这些对话过程的根源和蕴含的宝藏。

> **每种对话工具背后都有一个生活故事,故事大多始于某个人提出的问题**
>
> - 既然茶歇时间似乎是会议最有用的部分,那么将整个会议设计成类似茶歇的形式又会怎样?
> - 当我们只根据多数人的意见作决定而不听少数人说了什么时,我们会失去什么?
> - 我们提出的问题如何塑造我们的现实?
> - 我们如何仿照人们的自然对话来创设网络沟通?
> - 当会议礼仪约束并限制我们的创造性时,我们为什么要重建相同的会议礼仪?
> - 我们为什么不设法吸收数百人的集体智慧,而只选择倾听少数专家的声音?

对 话 词 典

绝大多数普通词典将对话简单地定义为两人或多人之间的交谈。然而,在对话从业者领域,对话有着更深层次的、更独特的含义。伯姆(David Bohm)追溯了"dialogue"的词源。它由希腊语词根"dia"和"logos"组合而成,其中"dia"意味着

"通过","logos"意味着"单词"或"意义",因而我们可以将对话看作"意义流经我们"(meaning flowing through us)。对这个单词的这种更深层次理解的要素包括：强调问题、调查、共创和倾听；揭露自己和他人的假设；悬置判断和集体探索真理。比尔·伊萨克斯(Bill Isaacs)把对话称为"只有一个中心,没有边界"的谈话。

对话不是什么?

辩护(advocacy)。辩护是强烈支持某一原因、想法或政策的辩论或争论行为。

会议(conference)。会议是一种正式的咨询或讨论。

咨询(consultation)。在咨询中,上位者听取其他人或群体对某一决定的建议或意见。决策者一般保留采纳建议与否的权力。

辩论(debate)。辩论常常是对立双方的讨论,并以一方获胜为目标。获胜者的发言、观点和论据都是最佳的。

讨论(discussion)。与对话截然相反,伯姆指出,"discussion"的词根与"percussion"和"concussion"相同,也是"cuss",表示"分裂"。讨论通常是对一个主题进行的理性分析式思考,并且为了便于理解而将主题分解成若干个组成部分。

谈判(negotiation)。谈判是一种致力于产生一致意见的讨论。谈判各方将各自的利益带到谈判桌上,因而谈判具有事务性和交易性的特征。

沙龙(salon)。沙龙是一种无周期性社交,非结构化,对话中的信息也无明确主题。

致谢

我们要感谢很多人,他们通过支持这项研究,给我们发送电子邮件,给我们反馈,以及花时间与我们面对面或通过电话交流,为这项研究作出了贡献。

他们主要是:哈里斯(Verne Harris)、迪亚贺(Mothomang Diaho)、沃伦(Naomi Warren)、约翰逊(Shaun Johnson)、麦凯(Elaine McKay)、格兰奇(Zelda la Grange)、塞缪尔(John Samuel)、巴斯·德拉米尼(Busi Dlamini)、里勒(Doug Reeler)、那乌拉·德拉米尼(Nomvula Dlamini)、安德松(Gavin Andersson)、默克哈贝拉(Ishmael Mkhabela)、恩德贝莱(Njabulo Ndebele)、内梅罗夫(Teddy Nemeroff)、布伦斯塔德(Bjorn Brunstad)、奥姆(Carsten Ohm)、梅里(Tim Merry)、马索加(Mogomme Alpheus Masoga)、默纳·路易斯(Myrna Lewis)、哈桑(Zaid Hassan)、怀尔丁(Nick Wilding)、斯蒂尔格(Bob Stilger)、帕罗特(Kate Parrot)、普鲁伊特(Bettye Pruitt)、奥尔森(Leon Olsen)、布莱克(Anthony Blake)以及最后但同样重要的肯尼思·J. 格根(Kenneth J. Gergen)和玛丽·格根(Mary Gergen),是他们鼓励我们将本书作为陶斯研究院丛书(Taos Institute Series)中的一本出版。

映射对话：社会变革的重要工具
Mapping Dialogue: Essential Tools for Social Change

请你们补充

本着对话的精神，我们有兴趣接受有关本书及其对话实践者效能的反馈。我们还要继续收集有关对话工具的资料。我们非常感激来自你们经验的任何阅读材料、书籍或文章、反馈、思考，以及对本书内容的补充。我们期望在邮箱（mappingdialogue@mail.com）中听到你们的声音。

我们非常喜欢这个过程，我们也发现在这一领域进行的一切工作都给我们留下了深刻印象。我们期望继续这个旅程，并用我们获得的新知识进行试验。

玛丽安娜·米勒·博耶尔（Marianne Mille Bojer）

海科·勒尔（Heiko Roehl）

玛丽安娜·克努特（Marianne Knuth）

科琳·马格纳（Colleen Magner）

I
对话的基础

本书阐述的对话方法以相对独立的工具的形式呈现，每种方法都有其历史渊源、目的和属性。在这部分，我们将通过呈现一些成功对话过程的基本原则来澄清这一看法。这些原则厘清了这样的观念：各种工具之间是如何联系的？无论是人数少的小群体还是由几百人聚集起来的大群体，设计变革和学习的全过程究竟需要什么？

本节旨在指导你在设计过程中进行反思，选择最适合自身具体情况的过程、流程以及对话和交互工具。

明确的目的

在决定使用哪些工具之前，我们需要非常清楚地知道我们

映射对话：社会变革的重要工具
Mapping Dialogue: Essential Tools for Social Change

的意图是什么，即我们为什么要把这群人召集起来？具体变革过程背后隐含着什么目的？整件事情是干什么的？有时，我们虽然已经开始做事，却发现自己并不十分清楚为什么要这样做，或是出于不合适的或在特定背景之外的原因以及相关人员的需要而做这件事。在大多数情况下，即使我们呈现的并不是全部的对话工具，这些对话工具也都基于"明确的目的"（clarity of purpose）这一基本原则。

> 明确的目的是一种对抗混乱的甜蜜武器。
> ——莫勒（Toke Moeller）

在明确目的之前，有必要将目的与需要连接起来，即这一变革过程回应的是什么。那些将我们聚集在一起的特殊目的是什么？当我们对它作出反应时，我们希望得到什么？从一个真实的、真正的需要出发，可以衍生出一个明确的目的。同样重要的是，我们要清楚参与者在时间和精力上的投入与他们对对话过程的能力符合他们的需要的期待是否具有合理的平衡。

目的要对所有的参与者都具有吸引力。而且极为重要的是，不要用过于具体化、结构化的术语（如可量化的目标）来规范目的。在这一过程中，过于清晰的目标和过度具体的产出期望具有变成主宰的倾向,并有碍开放和对话。一些对话的支持者和从业者强调:一方面,对话需要完全开放且不依附于特定结果;另一方面,还要明确该群体为什么要聚集在一起。

好问题

我们不应低估好问题的作用。好问题起着催化剂的作用。它们开放学习领域,并刺激思维过程、好奇心和加入群体的欲望。同时,好问题对界定和区分对话也至关重要。

通常,我们带着答案和专业知识来参加会议。在会议上,一些观点得到讨论,一些立场得到支持或需要谈判。对对话而言,问题在许多方面比答案更强大。问题引领人们走向未来,而答案指向过去。一个对当事人有意义的问题可以激活整个学习和变革的过程。好问题可以开创一个领域并促使人们参与对有意义问题的讨论。比尔·伊萨克斯(Bill Isaacs)将对话描述为"一个只有中心而无边界的谈话",这里的"中心"常常是由一个或多个好问题创设的。

识别有效的问题是一门艺术,这些问题可为一群人、一个社区或一个民族提供意义。当我们寻求与问题一起工作时,这些问题就是在我们的内心活跃起来的问题。最有力的问题直接来自参与人员的心灵。好问题能为有关复杂问题的对话提供框架而无须包含这些复杂问题。例如,可能有一个或多个极为重要的问题引导整个对话过程,或者,提出一个初始问题后限定这一问题并将其用作镜像联合反射。问题是本书中呈现的大部分对话工具所不可分割的部分。

参与和参与者

我们的对话工作源于这样一个信念,即我们联系和接触的每个人都具有足够的聪明才智。出于这一目的,实现一个成功的对话便需要不同形式和不同水平的参与。很多对话方法支持通过包容(inclusiveness)来实现从分裂到整合的工作。当我们找到连接和包含不同声音与系统各个部分的方法时,就会产生令人惊讶的新发现。

这些问题有助于明确对话参与和参与者
■ 基于我们的目的,需要谁参与?
■ 我们希望和他们一起做什么,实现什么?
■ 他们每个人将带来什么,想获得什么?

- 我们相信他们每个人都持有我们正在试图解决的难题的重要部分吗？
- 我们如何才能让他们参与进来？

如果时间和资源允许，在工作坊（workshop）开始之前，对所有或部分参与者进行访谈可以产生不同的结果。这样做有很多好处：为规划奠定了基础，让参与者心存感激，使每个参与者提前思考主题。

当参与者都进入共同东道主（cohosts）角色时，就是容纳的最终水平。在这一角色里，群体的领导和促进作用（leadership and facilitation）是完全共享的。对数百名参与者来说，这当然是不可能的。然而，我们可以想象一下，有助于我们最大限度地利用参与者时间和资源的最大程度的参与是什么样的。

基本的过程结构

绝大多数成功的变革过程都有一个基本的节奏。我们在这里阐述的一些对话工具和过程已经将它们自身对深层次变革的理解融入它们提议的工作坊设计之中。对许多对话工具而言，我们需要设计整个工作坊的活动过程和日常节奏以支持我们的意图。有几个模式能帮助我们全盘考虑最合适的基本过程结构。其中，简单的模式就是发散和收敛模式。对话过程的发散阶段指一个展示可能性、问题或主题的时间。它是产生替代方案、收集不同观点、允许分歧和悬置判断的阶段。我们往往害怕开放会产生真正的分歧，因为我们不喜欢甚至害怕由过多不同的新意见和观点导致的混乱。然而，在一个过程的开始阶段，分歧越大，想法越能得到自由表达，产生令人惊讶的创新性成果的可能性就越大。

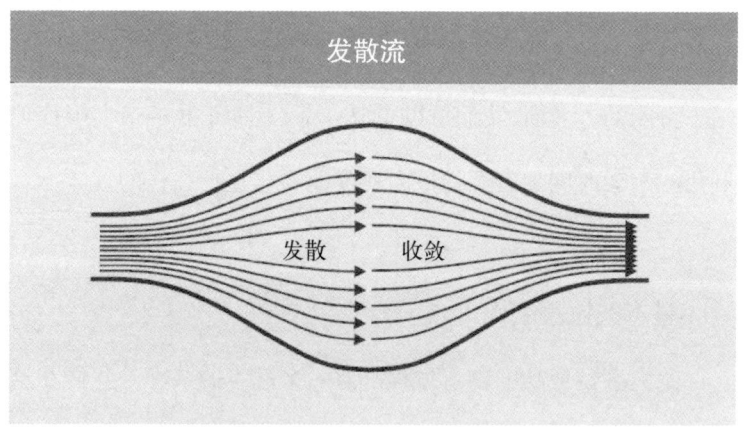

但是，如果分歧就这样发生，我们便有面对挫折的风险，对话过程也不会产生积极的结果。因此，对规划和设计对话过程

来说，收敛很重要。它是达成和明确结论、见解与过程的下一步骤，或许也是提出新开发的共享问题的步骤。发散和收敛这两种运动既可以在一个过程中多次发生，也可以作为一个模式发生。有些工具可能适合发散模式，而另一些可能更适合收敛模式。

真正允许分歧产生的变革性对话过程常常包含一个"呻吟区"(groan zone)或"灰雾"(grey fog)地带。"呻吟区"是有点痛苦的地方，那里的一切都很混乱、不清晰和非结构化。它有时是一种冲突和"震荡"的时期，有时则更多以混乱、压倒一切的复杂感受甚至绝望为特征。这一阶段是每个具有一定深度的对话过程所不能缺少的部分。正是在这一阶段，创新和突破才真正有可能发生。当群体试图在混乱状态停留一小会儿，然后再进入收敛过程时，他们就能体验到主要的变革。如果分歧较少，收敛过早，那么重要变革发生的可能性就会小得多。

在对话的基本结构中，不同的对话工具强调不同的过程结构。一些工具具有独特的架构以及与对话相联系的过程。它们有一个故事情节或一系列环节用以打动参与者。例如，变革实验室(change lab)的研究工作有一个非常明确的结构，大体遵循这样的一般原则，即允许在最初的发散之后，紧接非常清晰的收敛，且两者之间还有一个"显现"的阶段。未来探索（future search）通过回顾过去，着眼现在，最终指向将来。其他的对话方法，如世界咖啡馆（world café）或圈子（circle），则很少关注对话过程，因而可以作为一个工具轻松地融入各种对话过程。

原则

原则决定了我们在追求目标的过程中如何聚集在一起。原则可用于设计和指导对话过程与参与者的参与。即使只是作为一个非正式群体聚集在一起交谈几个小时，对要一起做什么这件事达成一致也是十分重要的。项目的时间越长，规模越大，通过原则一起工作就越重要。这里的大多数工具都有一组隶属于它们的原则，这些原则是促使这些工具发挥作用的重要部分。例如，"轮值领导"（圈子）、"使用少数人的智慧"[深度民主（deep democracy）]、"探索相关问题"（世界咖啡馆）和"无论谁来都是合适的人"[开放空间技术（open space technology）]等。

在一个事件发生之前或发生过程之中，召集人通常与参与者分享（或共创）目的和原则，有可能的话，应允许更广泛的群体参与到这个过程中。目的和原则应该为群体所"拥有",而不只是会议召集人"拥有"。总之,明确的目标连同原则一起为我们提供了一个指针,帮助我们前行,并作出我们将如何前行的决定。

工具选择

所有对话工具都有强烈的引导和通告它们的使用者的倾向性。特殊专业领域的工具(tool-specific expertise)能迅速形成这些工具之间的相关依赖(tool-related dependence)。本书中描述的工具都有其历史背景、哲学基础和世界观。它们要求使用者认同这一工具并分享利用其看待世界、定义问题和解决问题的方式。如果我们已获得足够的专业知识来使用这一工具,它就会使我们觉得舒适和安全。我们能够理解这一对话工具提供给我们的解释是什么。很多对话工具宣称具有超越文化、群体规模、情境的普适性。

无论何时开发与工具相关的专业知识,这一过程的展开都将承受极大的风险。"手里拿着锤子,整个世界都像一个钉子。"这句谚语就是对这种风险的最好诠释。处理这种问题的理想方法就是有意识地将对话的目的放在首位并据此选择和使用对话工具。为了从工具的潜能中受益，了解它们的局限性十分重要。对此，不断地开发新方法，并利用好"混搭"（mix-and-match）辅助方法的各种功能将有所助益。

主持人

工具、设计、过程——凝神关注这些吸引我们的主题很容易，然而我们持有的最重要的工具就是我们自己和我们的存在。当然，这并不是说别人没有价值。简单而言，主持人（facilitator）的准备工作、风度和心理状态至关重要。

作为召集人和群体的东道主，主持人会以各种有形和无形的方式影响空间与群体。

尽管会预先作许多规划，但一个具有高超主持技巧的主持人往往会立足当前，展示当下。对工作中的对话而言，主持人不应抓住预定的结构和必须不计成本遵循的时间表不放。拇指规则：过度准备（over-prepared）、亚结构（under-structured），说明临界的准备，当对话过程真正在某一时间展开时，还要加上创造性应对的灵活性。这听起来有点像不干涉主义（laissez-faire），但实际上要求极佳的澄清能力,以及倾听群体和对话过程的能力。这就是目的和原则极力想要证明的价值所在:一个明确的目的和一组原则在主持人的内心是活跃的、具身化的,它们能使主持人根据明确的方向即兴表演并自由应对。

明确地、坚定地把握聚会或对话过程的目的和原则的能力,直接关系到主持人表达的充分程度。我们知道的一些最成功的主持人,在进入主持人角色之前,会花时间进行冥想练习,以及调整为群体服务的目的。做好一名主持人需要培养谦逊的品质,也需要有顺其自然的勇气。如果主持人有这种信心和基础,那么他就会获得参与者更多的认可和信任。

对话主持人的常见品质有:

- **强大的倾听技能**。在对话过程的各个阶段,主持人都需要仔细倾听。这便于主持人设计一个合适的对话过程,反映参与者做了什么,并使群体变得更专注。强大的倾听技能部分依赖于主持人放弃自己议程的能力。
- **个人意识和真实性**。与关注群体内发生的事一样,优秀的对话主持人也要能理解,当他们身处群体之中时,他们自身发生了什么。这是一个相当有意义的主持元技能,对结构层次较少、过程更加开放以及心理学取向更加明显的过程来说,这种主持元技能尤为重要。主持人实际上掌控着群体,他们应避免将自己的观点和不安投射给群体,同时要处理群体的意见对他们的影响。个人意识与以下两种品质相关:坦诚自身缺陷的能力(一个人是什么,以及做不了什么);当参与者准备好时,乐意将对话过程移交给他们。

- **提出好问题**。正如先前提到的,在我们的领域,提出好问题是一种艺术形式。有效的问题将唤醒参与者,连接他们深切关心的东西,让他们在寻找答案的过程中明白彼此的相互依存性。参与者在理解焦点问题的过程中将产生一些他们此前从未想过的新见解。问题使用的一句简单措辞能决定人们是体验到希望、绝望,还是体验到好奇、振奋(energized)、坚定和兴奋。

- **整体分析**。为了能够评价在给定情境下使用哪种方法或人们最喜欢的方法是否合适,主持人要能理解特定的情境。采用整体分析也要能理解模式,帮助群体在工作中建立联系,认识到工作中的多元智力是什么。受邀参与对话的人越多,人们就越能公正地参与对话。

选择正确的主持人至关重要。然而,正如选择对话方法那样,主持人的选择也依赖于情境。如下所示,我们提出了四种主要用于评价主持人的标准。

关注内容知识 ⟷ 关注过程知识
主持人之间共同的争论通常围绕这一问题展开,即一个主持人究竟需要了解多少群体正在讨论的内容。例如,假如一个主持人受雇主持一场关于艾滋病的对话,那么他需要知道与此主题相关的统计数据、该领域的参与者、内在相关的关键问题是什么,以及围绕这一问题的政治背景是什么吗?更广泛地说,如果这是对话的环境,主持人需要具备企业或研发的背景吗?或者,主持人只要知道如何主持一个使参与者加工自己的信息并得出自己答案的对话过程就已足够? 一些主持人喜欢了解他们的工作内容,因此能帮助群体找到解决问题的模式并得出结论。而另一些主持人认为,主持人的中立和客观是根本,对相关知识的有意缺失在这方面实际上是有帮助的。就某个特定对话过程来说,你喜欢哪种类型的主持人,很大程度上依赖于你觉得群体是需要信息加工方面的支持,还是谈话能得到支持即可。后者会告诉主持人,在主持对话时不要与相关内容牵扯过多。

| 指令和结构 ⟷ 顺其自然 |

一些主持人常与客户或群体协调员共同设计日程，然后引导参与者经历这个过程。未来探索或远景规划过程（scenario processes）是全结构化方法的典范。群体从一个阶段向下一个阶段运动，每一步都有时间限制。主持人必须能帮助群体以特定顺序经历这个过程。

其他的方法要求主持人真正地顺其自然，并允许对话过程自然展开。此处的理念是，没有人预先知道某一特定群体的确切需要是什么（至少对群体外的主持人而言）。这种主持人将走进群体并回应他们的需要，为他们提供此刻需要的方法和途径。例如，持续性对话（sustained dialogue）需要主持人为群体引导前进的方向。有时，主持人要借鉴各种方法来帮助群体发现需要发现的东西。而且，顺其自然的方法或许是最适合的，因为它最符合群体的特定需要，但它要求参与者对主持人具有高度信任，并且愿意加入开放式对话过程。

| 心理学专业知识欠缺 ⟷ 心理学专业知识扎实 |

对话的核心问题可以处在不同水平上。一些是深层次的心理学问题，它们来自群体内的人际关系，这些关系可能与参与者过去的创伤或当前的不安全感有关。主持人有时可能会发现自己处于治疗的边界。一些主持人为自己界定了一个明确的界限，强调主持不是咨询或治疗。他们试图引导谈话更多地向群体正在处理的与内容相关的话题回归。其他一些主持人则认为，这些心理因素与群体解决日常问题的能力息息

相关,应深入其中并尝试解决它们。

这是两组截然不同的技能。你应该选择哪种类型的主持人,取决于你认为群体是要探究自身的集体无意识,还是要更多地关注参与者自身之外的意识的、理性的或实践的问题。如果一个具备深厚心理学专业知识的主持人加入进来,那么群体就有可能进入集体无意识空间,即便他们有时并不想进入。如果主持人缺乏这些技巧,群体进入集体无意识空间就会受到限制,即使他们确实想进入。

鉴于对话的本质,所有对话过程都能致使人们从根本上质疑他们的核心信仰,这令人感到不安。深度民主是本书描述的最具心理学取向的方法,但和平学校(school for peace)方法也受益于具有心理意识的主持人。圈子和持续性对话也是能让参与者暴露自身重要弱点的对话过程,但在上述方法以及其他方法中,治疗技巧并不是必需的。

团队工作者 ⟵⟶ 个人工作者

一些主持人宁愿个人工作,因为这为他们提供了即兴表演和遵循直觉开展工作的自由,而不必与搭档商量。有时,个人工作的主持人将自己的工作描述为一种艺术形式,他们专注于个人与群体之间的相互影响,而不愿与一个主持团队共事。

处于这一谱系另一端的是更喜欢与其他主持人建立团队以实现互补的主持人。对主持而言,团队工作的方法可以平衡本章中提到的其他标准。这是有道理的。例如,组建一个主持团队,其中,一个人对对话过程更在行,另一个人对对话

映射对话：社会变革的重要工具
Mapping Dialogue: Essential Tools for Social Change

> 内容更了解；一个人对社会问题更有见识，另一个人对心理动力学更熟悉；或者一个人善于观察事物发生的整体过程，而另一个人具备特定的专业知识和技术。在持续性对话的参与者中，最好、最适合的团队是"局内人／局外人"（insider／outsider）团队，这已是共识。局内人应熟悉群体的构成、文化和人格动力，而局外人可以提供过程性知识，具有保持客观的能力和提"愚蠢"问题的能力。

物理空间

会议室的常见布置大多无助于对话，但出于习惯，我们仍会继续使用它们。我们更担心日程安排，而较少担心会议室或报

I
对话的基础

告厅的布置。同时，物理空间对对话过程中可能发生的事情施加了一种看不见却极为强大的影响。当人们进入一个具有感官吸引力的空间时，他们身上就会发生些什么，就好像更多的人被邀请加入进来。在谈话开始之前，在意图得到介绍之前，某些情况就已经发生了转变。

随着物理空间的演变，它也能掌握群体的集体信息。在我们发起的每一次单独谈话或对话过程中尝试创设这种物理空间是十分重要的。

这些问题能帮助你找到正确的空间

- 这种空间允许真实的互动和参与吗？
- 就参与者的人数而言，这种空间的大小合适吗？
- 参与者在这种空间感觉舒适吗？
- 这种空间是让我们感到放松，还是警觉和清醒？
- 人们在这种空间中会围坐成一圈，还是会以剧场风格、宽阔房间风格或围坐在小桌旁的方式聚会？
- 在大自然、咖啡馆或别人家里聚会最好吗？
- 这种空间里播放音乐吗？有茶点吗？声音需要多响？
- 是否有我们想要消除的干扰？

II

对话的工具

我们在本书中多次强调，我们并不认为下文描述的工具可以作为普遍应用的对话秘诀，我们也不规定具体的工具。我们鼓励你来阅读我们对这些工具的说明，探寻这些对话过程发展的背景、故事和动力。对过程设计的深层次理解将有助于你设计出适合自身处境的对话过程。

我们相信有一些潜在的原型模式（archetypal patterns）会反复出现，对话是人们的普遍需求，而且这些方法中的一些原则对人类意义深远。但我们还要认识到，我们仍有落入陷阱的危险，这个陷阱就是自以为我们中意的工具可以拯救世界。正如前文所述，工具对我们而言有一种很有趣的作用——它们为我们带来安全和舒适，继而我们越来越离不开它们，因为它们能帮助我们在纷繁复杂的世界中正常活动。工具就像一个镜头，它影响着我们审视周遭事物的方式，如果我们总是带着某个镜头，那么我们对正试图改变的那个事物的看法可能会被扭曲。

这是因为，我们发现连续提出"这些对话工具和过程如何以新的方式被联结起来"这一问题是有益的。如果对话自身是关于探究的，那么我们的过程也应当是关于探究的。当我们可以轻而易举地掌握这些工具并在它们不再为我们所用时果断地放弃它们，对我们来说，就是如何有效地、明智地使用这些工具。正如你所读到的，我们邀请你与我们一起尝试寻找尊重工具的能量和力量之间的平衡，我们也同时意识到它们与工具本身一样重要。

方法追踪

在接下来的章节里，我们将探索对话的工具。你可能会对你想做的实验的一些方面感到兴奋，或许你会对实验的其他方面感到紧张和不知所措，又或许你会被将要进行的实验的多样性淹没。你如何决定在给定情境使用何种

映射对话：社会变革的重要工具
Mapping Dialogue: Essential Tools for Social Change

方法？你如何知道你需要的是未来探索、开放空间、深度民主还是变革实验室——或者仅仅是在公园里边沉思边散步？

本部分旨在通过后续篇幅提供的多种选择来引导你的航向。然而，事实上并没有一种万金油式的秘诀来告诉我们如何选择工具，并且在进行选择时环境也千变万化。对每个个例来说，都有好的或坏的选择，但从来都不是只有唯一的理想方法可以保障工作顺利进行。

有经验的主持人和对话召集人（dialogue conveners）有能力通过提出探究性问题来了解某一情境的特殊性，并使用不同方法提供的选项。他们将开发或不断重新设计一种个性化（customized）的方法，这一行为直到这一过程结束才终止，因为他们将对群体内发生了什么作出反应。不过，一位经验知识、技能、洞察力和创造力水平非常高的主持人，可遇不可求。对于这些情境，世界咖啡馆[①]、开放空间、圈子和欣赏型探究

[①] 世界咖啡馆是一种会议模式，其主要精神是"跨界"，不同专业背景、职务、部门的一群人，针对数个主题发表各自的见解，意见互相碰撞，激发出意想不到的创新观点。

(appreciative inquiry)①都是极好的馈赠。这些过程更容易被应用,即使是经验较少的主持人也可轻易地应用这些过程,而且它们仍然可以使世界变得与众不同。一般来说,要考虑的最重要的一点就是主持人在应用其选择的方法时应感到舒服。你最好同一位基础扎实、自信的主持人一道很好地使用一种简单的方法,而不是糟糕地使用一种复杂的方法。

为了给你选择对话过程提供有益的指导,我们建议你关注:(1)你想设计的对话过程的目的;(2)你想设计的对话过程的环境。请牢记,我们在这里提出的对工具的评估具有明显的局限性。我们强烈建议你在阅读工具部分的章节之前通读本书的基础部分。这将有助于确保你的方法基于你对想要达到的目标的全面评估,以及参与者、内容、过程和生理需求的特殊性。对我们而言,我们作出的评估在某种意义上是主观的。每一种工具即使无法被用于所有可能的情境,也基本上可以被用于大多数情境,但是每种工具仍需要主持人创造性地同化或谨慎对待,

---

① 欣赏型探究,主要是组织发展的方法,该方法侧重增加一个组织做得好的方面,而不是消除它的不好。通过探究对各级组织(通常是客户和供应商)的积极赞赏,旨在更新、开发和建立组织。欣赏型探究的支持者认为它适用于组织面临着快速变化或生长的情况。

映射对话：社会变革的重要工具
Mapping Dialogue: Essential Tools for Social Change

而且极有可能与其他方法结合起来。然而，这个粗略的描述或许仍可以在更一般的层面上帮助那些正试图大致了解和区分不同工具的人。

对工具的详细描述都搭配着一个方法追踪（method fingerprint）。方法追踪呈现了我们在目标和环境方面对每一工具的评估。"√"代表有基本的关联性，"√√"代表适当，"√√√"代表该工具的附加作用。所有工具的得分情况，请参阅附录 A 目标评价概述和附录 B 环境评价概述。

对话的目标

在方法追踪的目标部分，我们尽可能涵盖了你们正努力实现的广泛目标，如意识生成、问题解决、关系建立、知识分享、创新、共有愿景、能力构建、个人发展或领导能力开发、冲突解决、战略或行动计划以及决策。

这个矩阵不仅在评估什么方法有助于达成给定目标，而且有利于提供灵感以联结对话的意图和目标。以变革实验室为例，通过查看目标矩阵，你会发现，它的得分很高，因为它满足了很多目标，但它仍是一个令人紧张的、高投资的方法。如果仅需要达成这些目标中的少数几个,你最好使用更简单的方法。

对话的目标										
意识生成	问题解决	关系建立	知识分享	创新	共有愿景	能力构建	个人发展或领导能力开发	冲突解决	战略或行动计划	决策

对话的环境

方法追踪的环境部分涵盖了对话过程更广泛的情形,如参与者是谁、是否需要一个针对此方法接受过特别训练的主持人。我们认为,某些情境因素可能会随着方法的改变而改变,它们包括环境因素、对话的性质、对话过程的要求,以及主持人受训的水平。

对话的环境									
情境				参与者					主持
低复杂度	高复杂度	冲突情境	和平情境	小群体(<30)	大群体(≥30)	微观世界或多方利益相关者	对等群体	权利的多样性	文化的多样性	特殊训练要求

- 情境的复杂性

对话过程及其情境的复杂性表明,在与主要问题相联结的问题的数量和内在相关性上,正在讨论的问题的因果关系与时空关系相距甚远。很多不同的意见和利益与此问题有关,如一个不断变化的环境,以及旧有解决方案不再有效的事实。

值得注意的是,正如导读中提到的,对话工具的演进的确是对不断增加的复杂性的部分应对。事实上,所有的方法都有目的且特别设计以运用于高度复杂的情境。在矩阵中你会注意到,我们将这些工具中的一部分视为与这种复杂情境相关的专属工具,而其他工具也可用于复杂性较低的情境。

- 情境中的冲突

在定义冲突时,我们关注的是:问题或群体能否左右大多数参与者的情绪,不同的、根深蒂固的立场是否不相容?对人们来说,给出"同意或反对"的观点很难吗?除了个体会议,是否存在一些彼此冲突的子群体,它们或许与一个更大规模的社会冲突有关?这包括产生侵犯、愤怒、攻击等冲突的情境,而这些冲突情境本没有必要公开出现。

如果我们关注的只是在冲突中找到共同点，我们就会发现，在冲突情境中，所有方法都是有用的，并会使冲突向好的方向发展而不会陷入消极和僵局之中。但是，如果你的目的是直面冲突并解决冲突，进而释放潜在的紧张关系，以协商的方式承认分歧，那么只有很少的方法是相关的。如果感情真的需要表达出来，并且群体将进入其潜意识之中，那么我们将限制这一列表，甚至进一步限制圈子、深度民主、持续性对话、和平学校等方法。

- 群体规模

我们将"30"作为区分大群体和小群体的一个有效转折点。在我们看来，这是一个存在大量多样性的临界点，也是整个群体开始受到限制以及需要在小群体和整个群体之间切换的地方。更多相关具体数值，请查阅工具说明部分。

- 系统性表征

一些对话过程被特别设计成"在房间里获得整个系统"（get the whole system in the room），而其他对话过程对此依赖较少，并可在一个更为同质的群体中发挥作用。从"微观"的角度来说，我们已对这些过程是否被设计用来反映更大的系统作出了评估。

- 权利的多样性

权利的动态变化对对话过程有着特殊的要求。这个过程能跨越权利等级和社会阶层起作用吗？参与者通常会清楚地意识到多样性的其他形式，如文化、性别、种族、年龄等，但他们不一定能意识到权利的多样性以及权利的动态变化和等级是如何影响群体的。一些方法明确地意识到这种影响，以及解决它的途径。

- 文化的多样性

在文化多样性的视野下，我们涉及代际的、性别的、行业的和多样性的其他形式。鉴于对话通常与弥合分歧有关，因此请注意，我们已在评估中给擅长此道的工具提出了建议。

- 特定主持人训练

这种分类关注的是主持人是否需要经过特殊训练才能使用对话工具。请注意，圈子、开放空间、世界咖啡馆和欣赏型探究都是新手主持人最容易运用的对话工具。这些工具就像乐器，哪怕初次演奏也能发出优美的声音，而且随着经验的积累，人们在使用它们时仍有可能变得越来越有技巧和效果。我们并未在此分类中考察未来探索,因为我们认为,一个拥有扎实主持技能的人并不一定需要特别的未来探索训练,尽管他们确实需要成为强有力的主持人。

欣赏型探究

概述

欣赏型探究(appreciative inquiry,AI)是一种将问题解决放在首要地位的方法或过程。它不是解决紧迫问题的最好方法。它将关注点置于找出组织内和社区中已经产生的最好事物上,并寻找巩固这些事物的途径以追求所有的梦想和可能性。

欣赏型探究源自库珀里德(David Cooperrider)的研究。1980年,库珀里德作为一名博士生调整了他在克利夫兰诊所进行研究时运用的方法。他当时正在研究能促使组织健康和卓越的因素。当他注意到将关注点从问题转向积极资源的变化所带来的力量时,他开始为今天的欣赏型探究打下第一块基石。库珀里德在导师斯里瓦斯塔瓦(Suresh Srivastava)博士的指导下开展研究,并且得到了克利夫兰诊所领导的鼓励,他们看到他的方法在更广泛的组织发展中的潜力。

问题解决	欣赏型探究
■ 切身需要 & 问题的确定 ■ 原因分析 ■ 可能的解决方案的分析 ■ 行动计划 ■ 假设：组织是一个有待解决的问题 ■ 在此过程中我们想要的是什么？	■ 欣赏 & 评估什么是最好的 ■ 想象：可能是什么 ■ 对话：应该是什么 ■ 创建：将会是什么 ■ 假设：组织是有待发掘的秘密 ■ "前门"：我们最终想要的是什么？
▼	▼
缺陷思维（deficit thinking）	可能性思维（possibility thinking）

这种方法的一个关键基础假设是，我们提出的问题强烈影响了我们发现的答案。能引发强烈积极反应的问题可以更有力地驱使人们迈向积极的未来。这种方法允许人们朝向可以激励和鼓舞人心的事情努力，而不是克服带有缺陷或功能障碍的事情。欣赏型探究运用这些发现来改善社会系统、组织和社区。欣赏型探究本质上是一种合作过程，它收集、建立和利用所有社区或组织中的优势、赋予生命的力量和"好消息"故事。

欣赏型探究过程的步骤

- 选择关注领域或感兴趣的话题。
- 进行旨在发现长处、热情、特性的会谈。
- 确定模式、主题以及/或者吸引人的可能性。
- 创造关于理想可能性的大胆声明(煽动性命题)。
- 共同决定"应该是什么"(共识:原则 & 优先事项)。
- 创造出"将会是什么"。

欣赏型探究的过程

如下图所示,欣赏型探究的过程有四个主要步骤。但在描

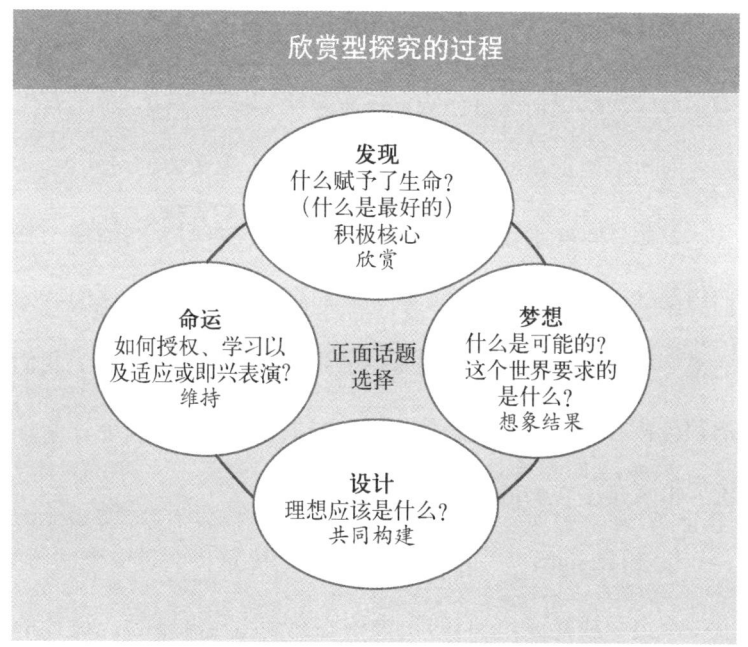

述欣赏型探究的"4D"模型之前,首先要确定调查的焦点,这是一个初始环节。合作完成这项工作是一个极为重要的出发点。而且,重要的是把它作为一个正面话题而不是问题陈述。例如,"创造和维持高质量的男女合作工作关系"就是一个正面话题,而"减少性骚扰事件"是一个问题陈述。

发现(Discovery)——欣赏和评价什么是最好的。这一阶段系统广泛地调查[通过访谈和讲故事(storytelling)]群体、组织或社区中个体最关键和鲜活的经历,反思这些亮点并澄清是什么使这些经历成为可能。这也被称为识别一个系统的积极核心。这一阶段包括澄清那些个体希望在(组织或社区)未来发生改变时也依然保持的因素,以及确认激发未来潜力的是什么。

梦想(Dream)——想象什么是可能的。人们一起构建了他们想要的未来图景,他们回应世界赋予他们的使命。他们认为的最好的事物是未来事物的基础。这个阶段的问题包括:我们的积极核心预示着我们是什么?我们最令人兴奋的可能性是什么?世界赋予我们的使命是什么?

设计(Design)——在这一阶段,人们决定什么是应该的,建立一个组织或社区,它们的积极核心充满生气和活力。设计的焦点放在那些有助于使梦想成为现实的要素上，如实践、框架、政策、技术等。这一工作是要开发一些整合积极核心的具有煽动性的命题（大胆而理想的可能性）和设计原则。

> **欣赏型探究的四个指导原则**
>
> - 每个系统的工作达到某种程度；找到积极的、富有生命力的力量并欣赏什么是最好的。
> - 通过探究产生的知识应是适用的；审视什么是可能的和相关的。
> - 系统能变得比它们自身是什么更好，它们可以学习如何引导自身的进化，所以应考虑刺激性的挑战，以及关于"可能是什么"的大胆梦想。
> - 探究的过程与结果是内在相关和不可分割的，所以应使过程成为协作性的。
>
> （资料来源：*Appreciative Inquiry, An Overview* — compiled by Kendy Rossi）

命运（Destiny）——这最后一个阶段是朝着创建计划、系统或改变迈进，这些计划、系统或改变是实现设计主张中描述的未来所必需的。完成这一阶段可以运用开放空间（请查阅本书后文有关开放空间的部分）以使人们的创造性和洞见最大程度地参与，同时允许自选群体在其最热衷的领域计划接下来的步骤，并乐意承担责任（请查阅开放空间技术的部分）。

这一完整的过程可以采用被称为欣赏型探究峰会的形式进行组织,即几百人聚在一起度过2—6天。在欣赏型探究峰会上,第一阶段(发现)总是以个人访谈开始,围绕几个问题,引出精彩故事和强烈的正面经历。之后,人们在更小的群体或团队中工作,来映射这些模式并从这些故事中提炼出积极核心。他们始终共持"可能是什么"的预想,随后共同构建起"应该是什么"。每一阶段都要向整个峰会进行反馈,确保整个系统能整合其他群体发生的事情。

> **欣赏(动词)**
>
> 评估;认识到我们周围的人或世界上最好的人的行为;肯定过去和现在的优势、成功和潜力;认识到那些给生活系统带来生命力(健康、活力、卓越)的事物;增加价值,例如经济在价值上得到了赞赏。
>
> **探究(动词)**
>
> 探索和发现提出问题的行为;对发现新的潜力和可能性保持开放。

应用

欣赏型探究能以多种方式被应用,其中之一就是上文描述的欣赏型探究峰会。在峰会上,一个组织、社区或其他系统齐聚一堂,共度2—6天,历经欣赏型探究的所有阶段,旨在参与一个大规模的变革和发展过程。它可以是战略计划、社区发展、系统变革、组织重组、愿景发展或者其他任何过程，在这里，有基于积极探究的对变革和发展的真正渴望，而且系统内处于所有层次的人都能发出自己的声音并得到倾听。

尽管这种应用可被视为一个独立的过程，但它在很大程度上是基于这样一种方式：组织或社区可以基于过去的最好情况共建一个期望的未来。欣赏型探究峰会通常只是一个建立优势和可能性的连续过程的开端。这一过程可以容纳50—2 000人。

其次，欣赏型探究还可以作为一个有关面谈和对话的持续过程，这些面谈和对话发生并贯穿整个系统（组织、社区或城市）。下面的案例正是这样一个过程。

最后，在大多数工作坊和其他集会上，欣赏型探究的原则可以以简单有力的方式整合在一起，遵循其提出欣赏性问题的原则，并以讲故事为强有力的媒介让人们参与其中。一个简单的指导原则就是学习提出正面问题的艺术，这些问题可以引出有助于人们预测未来的引人入胜的故事。

案例——想象运动

"想象芝加哥"（Imagine Chicago）项目是想象运动（Imagine

> 对我们在芝加哥的这20年而言,我们仅在我们的社区组织里谈论过生存问题。现在,我们已被问及我们为城市贡献了什么。这是一个我们现在正在询问自己的令人兴奋的问题。
>
> ——"想象芝加哥"的参与者

Movement)的一部分。它自比为想象运动的催化剂,在六大洲支持催生了想象的主动性。尽管每次想象中的努力都是不同的,但这些努力有着一些共同的信念:人们可以围绕着共享的意义团结起来;每个人的贡献对一个繁荣的社区而言都是至关重要的;创造一种将代际与文化联系在一起的公共学习和公民参与文化是自我与社会的核心。

"想象芝加哥"的创始人布利斯·布朗(Bliss Browne),1993年开始通过与众多著名城市先锋和社会革新者交谈而获得灵感[以下篇幅部分摘自布利斯·布朗和珍(Shilpa Jain)合著的《想象芝加哥——十年的想象行动》(*Imagine Chicago — Ten Years of Imagination in Action*)]。她开始想象城市里的每一个市民,无论老少,都用他们的才能为他们自己和他们的社区创造一个积极的未来。在这里,希望在生命的繁衍与连接中生生不息,年轻人和那些愿景被打了折扣的其他人发展并贡献着他们的想法和能量。在找寻将愿景变为现实的方法时,她创造出了今天的"想象芝加哥"项目。项目最初计划发现给予这座城市生命力的是什么。同时,为代表城市未来的年轻人提供重要的领导机会。在1993—1994年,"想象芝加哥"团队启动了两个平行的代际公民调查试点过程,作为有关芝加哥市未来的广泛对话的起点,它们是:(1)城市范围内的欣赏型探究;(2)一系列基于社区并由社区引导的欣赏型探究。

> 人类系统朝着他们不断提出问题的方向发展。
> ——库珀里德和惠特尼(Diana Whitney)

全市范围的采访过程以50个左右的年轻人为访谈者,采访了大约140个被"想象芝加哥"项目团队视为"芝加哥黏合剂"的芝加哥市民,他们中有艺术家、政治家、商人、市民领袖和其他年轻人。历经几个月,年轻人与成年人之间就这个城市的过去和未来愿景进行着深入的一对一式对话。参与这个项目的年轻人与成年人后来都称这些谈话是"令人激动的""使人恢复青春的"和"转变观念的"。

在基于社区的试验中,年轻的领导者采访了来自不同种族社区的当地社区建设者。所有试验采访项目都扩展了参与者关于他们内部和这个城市内部可能是什么的看法。这些小群体访谈中传达的故事被分享到一系列市民论坛中。在这些市民论坛中,芝加哥市民召集并开始设计能在特定社区或公共机构引发积极变革的项目。欣赏性问题围绕着欣赏型探究三个主要阶段聚集在一起,这些阶段至今仍是所有"想象芝加哥"倡议的一般组织结构。这种方法在生成周期中由思想转变为行动,其灵感来自欣赏型探究的基本结构。

理解什么是最好的(聚焦于什么是最好的)——所有"想象芝加哥"项目的工作从一开始就以开放式的和价值导向的问题为基础,包括什么是生命赋予的、什么是工作、什么是代际关系、什么是重要的,等等。

想象可能是什么(与他人合作)——新的可能性是由有趣的问题和故事激发出来的,这使我们的理解扩展到我们已知的范围外。

创造将来是什么(将我们的价值转化为我们的行动)——若要使想象促生社区变革,需要具体而实际的东西来体现,即一个能激励更多人投入改变的可见结果。

"想象芝加哥"项目代际访谈问题

1. 你在芝加哥住了多久？在这个社区中住了多久？
   (1) 最初是什么使你带着家人定居于此？
   (2) 对你而言，生活在这个社区感觉如何？
2. 当你想到整个芝加哥市时，对你而言，有什么特殊的地方、人物或画面能代表这座城市？
3. 回想你对芝加哥的记忆，作为这座城市的市民，对你而言，什么是真正的最高点？
4. 为什么这些经历对你意义重大？
5. 你是怎样描绘你现在在芝加哥的生活质量的？
6. 你最想看到的这个城市的变化是什么？
   (1) 想象一下，在帮助这座城市改变的过程中，你自己的角色可能是什么？
   (2) 谁能与你共事？
7. 闭上眼睛，想象一下从现在开始的 30 年内，你最想让芝加哥变成什么样？它像什么？你看到和听到了什么？你最骄傲的成就是什么？
8. 当你回想这些对话时，你脑海中浮现出的什么画面使你认为这座城市是有希望的？
9. 为了芝加哥的未来，你认为什么方法可以有效地将全体市民召集起来，共同探讨和实现芝加哥的未来？

"想象芝加哥"项目支持与当地组织和机构合作创建的倡议与计划。三个阶段环环相扣，这种互相依赖的关系可以促使它们将自身和社区的愿景转变成现实。

评价

欣赏型探究对那些没有权利和过分关注自己不足的人有奇效。这与那些将人们视为"可怜的"并需要外界"帮助"的一般方法形成了鲜明对照。"发展工作"的一个一般趋势是关注缺陷、调查需要并寻求问题解决。这不仅意味着我们忽视了一些机会,而且这种方法会对参与人员的自尊和创造力造成一些负面影响。

目标	意识生成	✓✓
	问题解决	✓
	关系建立	✓✓
	知识分享	✓✓
	创新	✓✓
	共有愿景	✓✓✓
	能力构建	✓
	个人发展或领导能力开发	✓✓
	冲突解决	✓
	战略或行动计划	✓✓✓
	决策	✓✓
情境	和平情境	✓✓✓
	冲突情境	✓
	高复杂度	✓✓
	低复杂度	✓✓✓

续　表

参与者与主持		
	小群体(＜30)	✓✓✓
	大群体(≥30)	✓✓✓
	多方利益相关者	✓
	对等群体	✓✓✓
	权利的多样性	✓
	文化的多样性	✓✓
	特殊训练要求	✓

我们曾对津巴布韦的土著人使用欣赏型探究。当他们开始借助自身作为一个社区所拥有的对财富和智慧的更清晰、更强烈的意识行事时，欣赏型探究产生了巨大影响。当他们发现他们可以用多种方式管理(harness)自己的资源时，他们变得能摆脱不足和依赖的心态，而这反过来又使他们产生了自由的感觉和可能性，以及创造性和自尊。他们想象和规划未来的能力来自完全不同的优势与愿景。在这种情境下，欣赏型探究与"社区资产地图"(community asset map)、"能力库存"(capacity inventories)等其他工具关联起来。另外，欣赏型探究可以完全聚焦于好的方面，以防对情境的全面考察，不致使其变得虚幻。但它也会感到受限，因为似乎只允许积极方面参与而不允许冲

突出现。

我们的经验是,当我们引入欣赏型探究时,难免会释放痛苦或体验受限。这可通过圈子对话、深度生态学研究、场景练习或其他工具来补充。尤其是在与社区开展长期密切的工作时,欣赏性工作不能忽视那些我们不想看的事情。最后,欣赏型探究在意识到我们的问题以及这些问题给人类的思想和行动带来的影响方面是一项伟大的实践。

变革实验室

概述

变革实验室(change lab)是一个多方利益相关者的对话式变革过程。它被设计用来形成集体洞察力、共同承诺以及解决复杂社会问题所需的创新能力。每个变革实验室都由一个或多个致力于改变某个特定复杂问题的组织召集,并意识到它们不能独自解决该问题。召集者召集了 25—35 个关键利益相关者,他们在某种程度上代表着系统中的"小群体",因为他们反映了参与产生和解决问题的人员的多样性。这些人需要有影响力,要与众不同,致力于系统变革,同时还要以开放的态度来改变自

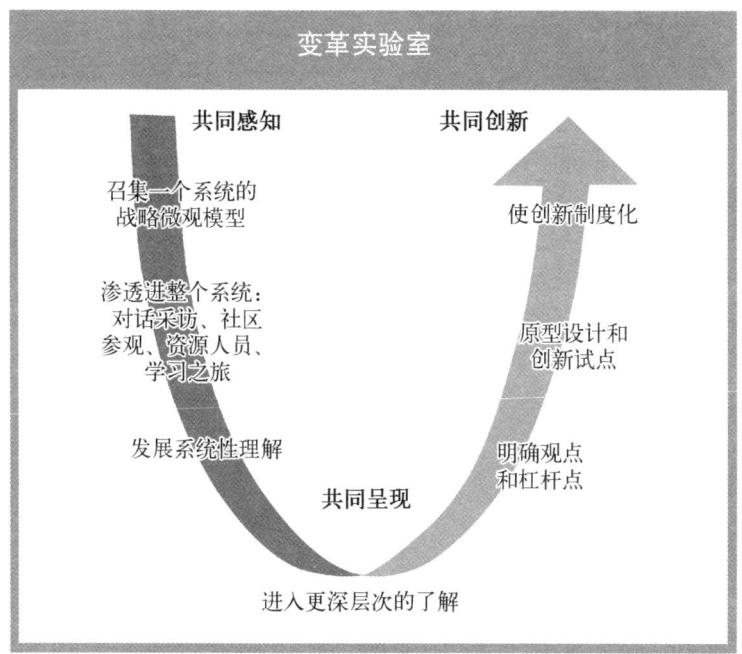

己。这些利益相关者共同经历的变革实验室过程是围绕共同感知(co-sensing)、共同呈现(co-presencing)、共同创新(co-creating)这三个运动或阶段建构起来的。

这个过程的灵感源自"U过程",即一个创新性社交技能,由沙尔默(Otto Scharmer)和贾沃斯基(Joseph Jaworski)共同开发。该方法经克内(Adam Kahne)运用于多方利益相关者的工作和广泛社区实践者的工作得到进一步发展。随着更多经验的获得和分享,这种方法还将继续进化。

变革实验室的阶段

变革实验室的每个阶段都与一套不同的领导能力、活动和工具相关联。

■ **在共同感知阶段**,参与者改变了他们感知问题的方式。他们是以不同的观察和感知方式得到训练和实践的,因此他们并不是仅仅将事先的构想投射到问题上。他们通过彼此间的对话交流来理解彼此的观点、动机和理论框架。他们通过持续的学习之旅将自我沉浸在这种情境之中以观察影响和参与社区与组织的究竟是什么。他们分享自己的故事,并试图创造出系统的结构框架(map)。他们将自己的动力视为系统的一个缩影。他们展示了他们共同的知识体系,并以多次迭代的方式来形成"问题空间"和"问题解决空间"。

■ **在共同呈现阶段**,参与者经常长时间地保持沉默。变革实验室的共同呈现阶段常常涉及"荒野独处"(wilderness solo),这实质上就是对一段独处时间的反映。这是一种能提升呈现能力的有效实践:放手和争取。当共同感知经验的复杂性使他们不堪重负时,共同呈现经验会创造出一个空间,让"内在感知"出现,与现实事物相联系,并在这个过程中发现新的简单经验。这个阶段的焦点在于揭示共同的目的并将它与参与者的深层意志联系起来:他们每个人都想对这个问题做些什么?

■ **在共同创新阶段**,参与者需要依据基本特征明确其观点,而这一基本特征需能界定一个新系统以及解决问题的创新性观念。这些观念现在已被转变为一些"原型",即一种可先后在实验室团队和更广泛的利益相关者群体中得到检验的解决方案的"模拟"版本。这一"原型"过程不是将想法记录在文件中,而是试图为人们创造一种创新性经验。它也是在与情境对话时可以采用的一种不断调整倡议的更紧急的方法。这与传统方法形成了对比,传统方法中的计划和实施在时间和空间上是分离的。"原型"方法可使团队成员在现实世界中形成、检验、提升和重新检验干预的能力。

在这个"原型"的基础上,最有希望实现系统变革的创新随后进一步发展为试点项目。最后,这些试点项目在政府、市场和民间社会伙伴的支持与认可下规模化、主流化、制度化。

应用

变革实验室旨在解决的问题具有以下三方面的复杂性。

- **动态地**：原因和结果在时空上相距甚远，需要系统解决方案。

- **生成地**：未来不确定、不熟悉，传统解决方案不起作用，需要应急解决方案。

- **社会地**：问题不只存在于单一实体中，各利益相关者有着不同的（可能是根深蒂固和相互敌对的）观点和利益，需要参与式解决方案。

由于有待解决的问题的复杂性、范围和规模不同，一个完备的变革实验室通常要运行几年的时间，需要投入大量的时间、精力和金钱。但是，也有可能将其简化和缩短为几天到几个月的时间并仍然具有显著效用，也有可能在地区和全球范围内运行。运行变革实验室没有什么秘诀，世界各地的从业人员都可在变革实验室中尝试各种促进创新的方法，并从"U 过程"的基本模型中获得灵感。

如果你正试图运行一个较大的变革实验室，并且想召集一个跨部门的系统微型会议，了解这些部门和主要的利益相关者群体是否乐意参与很重要。如果构成这个系统微型会议所需要的关键行动者不能被召集起来，那么变革实验室可能就不是正确的方法。

案例——可持续食品实验室[①]

可持续食品实验室(sustainable food lab, SFL)的目的是使食品系统在更经济、更环保、更具社会可持续性方面取得创新性突破,换言之,在自然平衡的前提下,兼顾食品生产者和消费者的利益,使食品生产者和消费者都有利可图。最初的35个可持续食品实验室团队成员首次于2004年6月在荷兰的一个"基金研讨会"上聚集在一起,共同构建起世界食品供应链的利益相关者微观模型:农民、农场从业者、加工者、批发商、零售商、消费者、政府相关部门代表、社会活动家、金融家、研究者和其他人员。这个群体逐渐扩充至70个成员,主要由来自欧洲和美洲的参与者构成。各小组成员受邀是因为他们具有作为改革者的良好记录,他们的实地经验与食品系统的全局观相结合,以及他们的热情、创业精神和影响力。

可持续食品实验室启动时,每一个小组成员都因他只能完成其所在组织和部门的工作而遭受挫折。在加入实验室时,他们最初承诺在两年内完成40天或更多的工作,包括全组工作

---

① 摘自可持续食品实验室网站:http://www.sustainablefoodlab.org

映射对话：社会变革的重要工具
Mapping Dialogue: Essential Tools for Social Change

坊、学习之旅和有关"原型"与试点项目的亚小组工作。

他们现在正通过可持续食品实验室进行对话和行动，以实现比独自行动时更具野心的变革。

过程：荷兰基金会成立后，每个实验室团队成员都经历了在巴西举行的三个为期五天的学习之旅中的一个。当他们返回并整合了在学习之旅中学到的内容后，整个团队再次召集了一个包括荒野独处的为期六天的创新务虚会（innovation

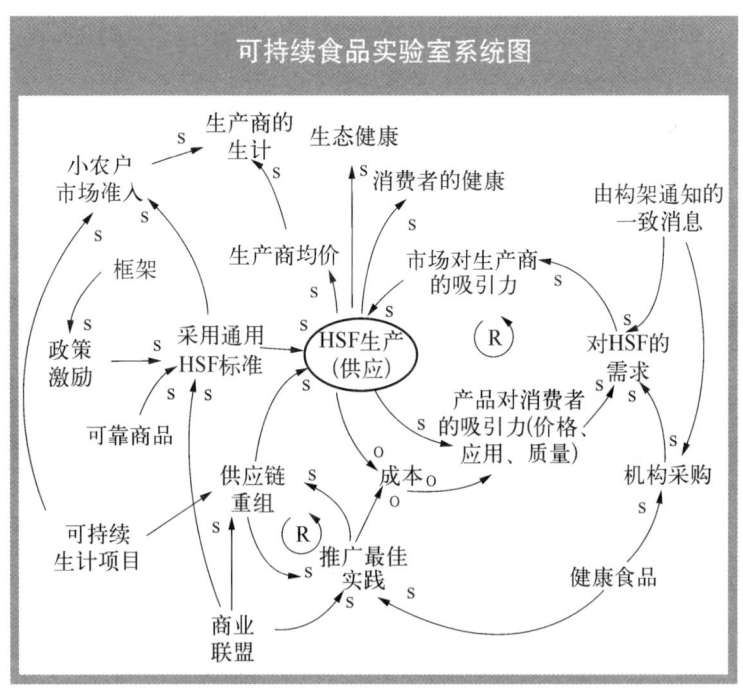

II 对话的工具

retreat)。在创新务虚会中,成员们作出了关于以亚小组方式主动开始研究的选择。2005年4月,在萨尔斯堡举行的后续会议上,他们提出了一些新举措。这些举措现正进行试验和制度化,群体也一直定期举行会议。

在某种程度上,每一个提案都将目标指向建立可持续的食品供应链,并把它们带入食品供应的主流。以下是来自萨尔斯堡会议的六个提案。

1. 从拉丁美洲的家庭农场到世界市场将可持续食品生产联系起来。

2. 将高营养的食物从区域农民的田间地头运送到学校和医院中。

3. 建立可持续食品商业联盟。

4. 为食物商品制定一个可持续的标准,并与食品公司的投资审核联系起来。

5. 为公民、消费者和政策制定者重构食品可持续性。

6. 增强鱼类供应链的可持续性。

上述图表反映了这些提案之间的联系,以及可持续食品实验室小组建构的用来解释食品系统联系的系统图。现在将可持续食品实验室提案的结果记录在案还为时过早,但已能确定的是,这个实验室已产生了一种新思维、新关系以及跨部门的强大合作伙伴关系,并开始通过改变参与者及其正在忙于执行的提案的方式改变全球食品系统。

评价

变革实验室有一些关键的显著优势。

目标	意识生成	✓✓✓
	问题解决	✓✓
	关系建立	✓✓
	知识分享	✓✓
	创新	✓✓✓
	共有愿景	✓✓
	能力构建	✓✓
	个人发展或领导能力开发	✓✓
	冲突解决	✓
	战略或行动计划	✓✓✓
	决策	✓✓
情境	和平情境	✓✓
	冲突情境	✓✓
	高复杂度	✓✓✓
	低复杂度	✓

续　表

参与者与主持	小群体（<30）	✓✓✓
	大群体（≥30）	✓
	多方利益相关者	✓✓✓
	对等群体	✓
	权利的多样性	✓✓
	文化的多样性	✓✓
	特殊训练要求	✓✓

1. 该方法是系统的。纵观变革实验室，参与者正在构建一个"系统的视角"。他们用系统的方式来定义"问题空间"和"问题解决空间"，而且它们作为系统的缩影也是对更广泛问题的一种反映。

2. 它是行动学习。变革实验室是一种对话过程，对话自始至终嵌在变革实验室当中。但它也是一个行动过程。它并不因新思想和新观念的产生而止步。实验室团队通过试验新提案而待在一起，并继续将这些提案与整个系统的图景联系起来，所以这些努力不会变成碎片。

3. 变革实验室与其说是一种工具，不如说是一个过程。这个结论是通过 20 年来对不同工具进行实验，以及整合不同阶段的最好工具而得出的。将这些不同工具的主题、模型和线索控制在一起的就是由"U过程"激发的变革实验室。这也意味着变革实验室是很灵活的,能适应这一核心模式。

召集一个变革实验室也涉及很多风险和挑战。与来自不同组织和部门的利益相关者一起工作并协调各自的不同利益会严重拖慢这个过程。这种状况可能会恶化,因为很多人不熟悉这个过程,一些探索性实践可能会受到抵制。在一些案例中,采用一个为期三天的微型变革实验室作为开始,有助于使参与者了解召集一个大规模实验室能达到什么效果。

如果你正试图运行一个较大的变革实验室,并且想召集一个跨部门的系统微型会议,弄清所有部门的人以及主要的相关利益群体是否乐意参与很重要。如果召集这个系统微型会议所需的关键参与者不能被召集或委托,那么变革实验室可能并不是正确的方法。

非常重要的是,变革实验室甚至短期变革实验室,都趋向资源密集型。它通常需要付出很大的努力将所有合适的利益相关者聚集起来,并协调这个过程,同时还要耗费资金组织学习之旅、荒野务虚会(wilderness retreats)、创新工作坊(innovation workshops)以及支持变革实验室的行动阶段。在不那么复杂或者目的只是单纯地分享知识和建立关系的情况下，就不值得去努力构建一个完备的变革实验室，其他工具将更为适合和有效。为了证明变革实验室的选择是正确的，目的必须将创新和意识与能力的转变包括在内，情境必须是复杂的，群体必须由多重利益相关者组成。

圈子

概述

只要人类存在，圈子（circle）就一直与我们在一起。人类自然地以圈子的形式聚在一起，如围坐在篝火旁，进行深度交谈，有时仅仅是在宁静的空间里单纯地聚在一起。在最基本的层面，圈子是一种允许一群人一起放缓生活节奏、练习深度倾听和真正进行思考的形式。在充分练习时，它可以成为一种植根于语言对话的物质载体："意义在其中流动。"

想象一个年长者的圈子，他们一个接一个围绕着话题进行交流。每个人的注意都集中在正在发言的那个人身上，分享他或她的思想、观点和智慧。每个人的发言都被视为有价值的和受尊敬的。长时间停顿的沉默也是可以被接受的谈话的一部分。

人们可以定期聚在圈子里,间隔从几个月到几年不等,或者他们可以在一个圈子里单独聚会见面。近年来,圈子又以不同的形式出现。从公司董事会的业务主管到农村腹地的社区组织者,人们正在重新认识坐在一个圈子里的价值。

本部分描述的很多过程都以某种方式运用着圈子会议的形式,因为一般情况下,这是最合适的对话布局。但本部分将圈子视为一种对话方法,而不仅仅是一种物理设置。

圈子的三个原则

- 领导权在所有圈子成员中循环。圈子不是一个领导缺失的聚会,而是一个全员皆领导的聚会。
- 责任是对经验质量的分享。
- 人们将最终的依靠放在灵感或精神上,而不是放在某个个人议程上。每个圈子的中心都有一个更高的目标。

在这里,我们借鉴了由鲍德温(Christina Baldwin)提出的同事学习圈(PeerSpirit)的指导原则。受自身对美国原住民传统的探索的启发,鲍德温写了一本名为《呼唤圈子》(*Calling for*

Circle)的书。这本书对重新介绍圈子过程以及开发一套有助于促进有意义的圈子对话的实践具有重要贡献。这些指导原则既可以全部使用，也可以按更轻松的方式运用。

意图

正如大多数优秀的对话工具和过程，圈子的起点也带有目的和意图。这种意图将决定谁应该被邀请加入，成员应在何时、何地、多长时间相聚一次，以及他们将会关注的问题。

意图越清晰，对它的承诺越有力，圈子就越有力。在领导圈子里，人们聚集在一起，在各自的领导实践中相互支持。还有一些圈子，人们聚到一起以解决一个特别的挑战，如改进组织程序或共同努力使社区更加安全。它可以是一群工人与管理者一起聚集在圈子里，以寻找缩紧开支的最好方法，甚至可以是一群无家可归者加入并成为当地教会的成员，一起来思考支持无家可归者的最好方法。

圈子有时仅仅是工作坊中一个大型对话过程使用的工具，又或是作为一个组织或社区每周或每月的例会。在这种情况下，意图更加非正式——分享预期、联系彼此的行为方式，以及面对和解决人们所有的关切与需要。

主持人

虽然领导权在圈子中是被完全分享的,但对特定的圈子而言,总会有一个主持人。这个主持人通常也是这个圈子的召集人,但是在一个持续时间过长的圈子会议中,主持人的角色有可能在圈子会议间转换。主持人必须保证圈子贯穿所有重要阶段,同时谈话要以意图为中心。主持人在现实生活中也经常承担责任,而且有专人进行监督。

圈子的现实中心受到了特别关注——一张色彩斑斓的地毯、一些有意义的符号和物体,或者一个能标志圈子中心并经常代表聚会意图的植物。当人们围绕圈子中心聚集时,这种对圈子中心的关注会给人们带来一种神圣的感觉。

监督者

监督者是一个特别关注群体能量并使群体不偏离目标的人。监督者可以中断圈子的运行,提出短暂休息或片刻沉默的建议。

一个典型圈子的流程

- **欢迎**。欢迎有助于群体转化为圈子空间。一个好的欢迎仪式可以是有助于人们完全到达的一首诗、片刻的安宁或一段音乐,并成为人们以及圈子之间的一种礼物。

■ **签到**。将圈子与其他很多聚集方式区别开来的是,把每个人的声音带进此空间的重要性。因此,圈子以成员签到作为开始,圈子里的每个人都有机会说出他们的感受是怎样的,同时分享他们对那天的会面的期待。在签到时,主持人会向每个人提出一个具体问题,请他们回答。邀请参与者在圈子中央展示能代表他们愿望的物品,在展示的同时分享一些关于这个物品的信息也很常见。结果是群体共同希望的有意义的视觉表征位于圈子中央。

■ **协议**。任何圈子聚集时,其成员都需要形成关于他们希望如何聚集的指导原则或协议。这是分享式领导的重要组成部分,每个人都要对他们在一起的时间负责。

■ **告别/离开**。与圈子开始时的签到相似,在圈子的最后有一个道别环节来让人们分享他们现在正在什么地方。道别环节的焦点与圈子一样多样。

分享的内容可以是人们学到了什么、对出现的情况有何感受,或者离开圈子后将向什么方向努力。除非有人明确提出不作发言,否则每个参与者都要在签到或告别时发言。

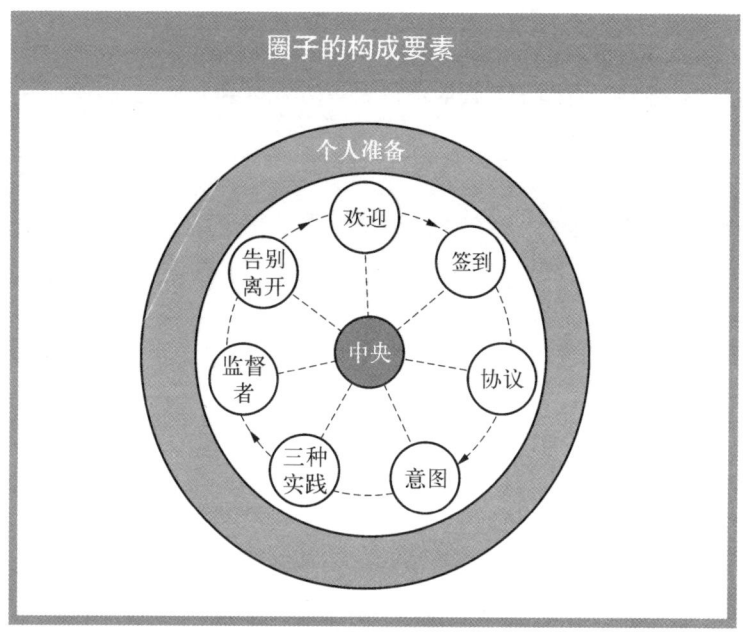

会议形式

圈子因运用谈话主题(talking piece)而著名。谈话主题围绕圈子传递,当一个人持有谈话主题时,他将是唯一一个可以发言的人。谈话主题可以是任何东西——一个自然物体、一张照片、一支钢笔,甚至是一部手机。然而,谈话主题并不是圈子必不可少的特征。谈话主题经常在签到时完成,然后人们可以开始交谈而不再需要它。

这种形式也被称为谈话会议(conversation council),在这里，任何有话要说的人都可以说。当人们使用圈子一段时间后，即便是在谈话会议上，人们也会根深蒂固地践行这一规则，即不能打断任何人的发言，任何人都必须在上一个人的发言结束后才能发言。圈子里的谈话速度有时太快，谈话的中心容易变得平淡或迷失方向。这正是需要监督者或任何觉得需要的人引领圈子进入反思或沉默期的时刻，每个人都可在此时沉默一会儿，在继续进行谈话主题或谈话会议之前，让事情先平静下来。

常用协议示例

- 不带判断地倾听。
- 提供你能提供的，寻求你所需要的。
- 机密性——无论在圈子中说了什么，都让它留在圈子中。
- 沉默也是谈话的一部分。

三种实践

从本质上说，圈子是一个发言和倾听、共同反思以及构建共同意义的场所。已明确的是，以下三种实践有助于人们获得更高的关注质量。

- **用心说话**：关注此刻与谈话有关的内容。
- **注意倾听**：尊重小组所有成员的学习过程。

- **关心圈子的幸福感**：意识到我们的贡献所能带来的影响。

应用

正如早前提到的，圈子是人们组织起来参与某一谈话的最基本方式，从这个意义上说，它在世界范围内得到应用理所应当，而且已有数千年的历史。鲍德温的工作也具有全球影响力。她在欧洲、北美洲和非洲开展培训工作，经常发送有关如何在不同情况下使用圈子的"同事学习故事"（Peer Spirit Tales）的电子邮件。她与巴卡纳研究所（Berkana Institute）合作发起的一项名为"来自四面八方"的倡议促生了北美洲、欧洲等地的许多领导圈子，并在较小程度上超越了以往对话方法的效果。

圈子的优势在于：

- 建立关系，使群体更加紧密地联系起来。
- 为处于群体、组织和社区不同阶层的人们营造平等——给予每个人平等的价值，并要求每个人参与。
- 使人们放慢节奏、共同思考和建立共同的愿景。

尽管在一段时间内于小组会议中运用圈子有很多优势，但在会议过程中，通过圈子的签到和反思环节将对话过程或工作坊引向深入也是有价值的。

II 对话的工具

依我们的经验来看,一个圈子应为 30 人(最多 35 人)。8—15 人组成的圈子可以进行更深入的会谈。圈子也可被用于范围较大的对话过程中,即把群体分成几个圈子。因此,在对话过程的初始,确实需要熟悉圈子基本原则的人辅导每个群体。

案例——库方达村

在库方达村(Kufunda Village)——一个位于津巴布韦的关注乡村社区发展的学习中心——圈子已成为这个社区工作的核心部分之一,而且该中心本身也是以圈子的方式运行的。每当该中心对其运行过程或社区工作进行评估,圈子始终是成功的关键因素。或许因为它是传统文化的一部分,人们与它似乎完全联系了起来。最简单地说,在社区项目运行期间,这里每天都有一个晨会圈子,每个人都会检查他们对这个项目的感受、一夜之后"幸存"的关键学习,以及对今天的希望或期望。

乡村社区组织者运用圈子产生的效果体现在:过去,这些组织者主要由那些具有贡献的成年男性担任,在这里,每个人都可以发表

> 篝火周围是谈话发生的地方。每天晚上,我们都围坐在篝火旁进行谈话。
> ——塞拉斯(Silas),库方达村

映射对话：社会变革的重要工具
Mapping Dialogue: Essential Tools for Social Change

自己的意见。这个过程虽慢，但可以肯定的是，组织者们建立了每个人的自信和天赋，促使他们为共同完成每件事情而贡献其全部。在部分过程接近尾声时，男性们表示了对从与女性的坦诚对话中学到了很多的惊讶（在修纳人的体系中，男性和女性是不能在一起的），而年长者也为从年轻人那里学到了很多而感到惊讶。

圈子被重新带回库方达社区中，它已成为所有伙伴社区的一种自然对话方式。在这种方式下，年轻人和酋长都可以表达自己的意见。在库方达，每月一次的群体静思日经常使用圈子。这以更亲密的方式将人们集结起来，给予人们空间来表达和处理自己关切的问题、需要以及一些新想法，它们往往无法通过日常事务向群体传达。库方达每一个小组的周例会都以一个谈话主题作为开始和结束。这意味着在进行一项工作之前，人们无须直接潜心钻研组织事务，只需到场并与其他人相互联系起来。道别环节常常是与会者反思那些悬而未决或已经决定的事项的感受的时候。当团队被误解困扰时，专注的圈子工作将发挥清理误解导致的不良气氛的作用——通过一些诸如讲述实情、选择倾听而不打断对方的发言或反驳的实践来完成。这些都是通过圈子的帮助得到提升的方面。

另一个有效运用圈子的例子是嗜酒者互诚协会（alcoholics anonymous，AA）。对嗜酒者互诚协会模式而言，每周将嗜酒者聚在一起进行交谈和共同反思，见证每个人面临的挑战和取得的进步必不可少。在这些聚会中，人们可以就自己清醒状态下的个人问题请求他人的帮助，他们可以获得那些与他们有类似遭遇的人的帮助和支持。这里没有等级，而是一个为那些共同渴望戒酒并保持清醒的人创建的互助社区。这是一个人们可以展示真实自我、卸下所有面具并且无须隐藏自身恐惧的地方。嗜酒者互诚协会有开放式会谈和封闭式会谈两种会谈形式。封闭式会谈极像我们在此描述的圈子谈话形式。人们在嗜酒者互诚协会中形成的关系和能力通常可以保持终生并辐射到其他更广泛的相关情境。

以下列表为一系列评估反映出的圈子对库方达的员工和社区伙伴意味什么
■ 圈子带来了归属感。 ■ 每个人都作出了贡献。 ■ 每个人都是领导者。 ■ 人们发自肺腑地发言。

- 沉默是可以的。
- 它带你离开舒适圈。
- 它打破了等级结构。
- 它联结着人们。
- 它令人生畏。
- 它是自由的。
- 每个人的意见都被听取。
- 它在冲突中是有效的。
- 圈子受群体创造的指导原则调节。
- 它促进了平等。

评价

如果群体规模大到无法组成一个圈子，而你仍想使每个人的注意都集中在同一个重要会谈上，那么一个有效的方法是"玻璃鱼缸"（fishbowl），或是人们熟知的"萨摩亚圈子"（samoan circle）。在这里，参与者被分为内层圈子和外层圈子两部分，只有内层圈子的参与者可以发言，而外层圈子的参与者只能倾听。内层圈子的参与者既可以代表整个群体，也可以代表一个亚群体，这类圈子的设立有时是为了使人们可以在内外层圈子之间移动。当问题存在争议，或因群体规模太大而不适合仅仅以一个圈子来开展谈话时，这种过程尤其有用。

对很多不习惯圈子的人来说,放缓谈话和思考可能令人沮丧。随着时间的推移,大多数人学会重视和欣赏一起放慢速度的优点,开始真正相互倾听。一般情况下,那些倾向于少发表意见和少表现出强势的人会极为欣赏圈子,因为圈子给了他们发表意见的空间,而那些过去习惯于主导谈话的人将感到更加沮丧。

目标	意识生成	✓✓
	问题解决	✓✓
	关系建立	✓✓✓
	知识分享	✓✓
	创新	✓✓
	共有愿景	✓✓✓
目标	能力构建	✓
	个人发展或领导能力开发	✓✓
	冲突解决	✓✓
	战略或行动计划	✓
	决策	✓✓
情境	和平情境	✓✓✓
	冲突情境	✓✓
	高复杂度	✓✓
	低复杂度	✓✓

续 表

参与者与主持	小群体（<30）	✓✓✓
	大群体（≥30）	✓
	多方利益相关者	✓✓
	对等群体	✓✓✓
	权利的多样性	✓✓
	文化的多样性	✓✓✓
	特殊训练要求	✓

值得注意的是，社会科学研究表明，第一个发言的人可以对说什么以及谈话的方向产生很大影响。圈子似乎特别倾向于出现这种动态。这很有用，但同时也是问题。应对这一问题的方法是在人们开始发言之前，给人们时间默默反思并整理自己的想法。一般情况下，主持人应意识到，尽管圈子对群体具有很大的均衡影响，但非正式权力的驱力依然存在，并且可以影响谈话。

深度民主

概述

为什么处在群体中的人们不愿说出自己的真实想法？原因

多种多样。或许是因为这些想法被认为是某种禁忌、政治上不合时宜或太敏感，又或许只是因为人们认为他们的意见永远不会被倾听或不能对群体中大多数人的观点产生影响。深度民主（deep democracy）是一个有促进作用的方法论，它基于这种假设，即少数人的意见和多样化的观点同样具有智慧，它们对整个群体都具有价值。这种方法可以帮助人们揭示和表达那些没有表达出来的观点。

深度民主这一方法是南非的默纳·刘易斯（Myrna Lewis）与她已故的丈夫格雷格·刘易斯（Greg Lewis）在私人和公共部门紧张工作十五年的基础上开发出来的。它与明德尔（Arnold Mindel）的过程取向心理学（process-orientated psychology）和"世界工作"（worldwork）紧密相关，但是他们夫妇提供了一系列更具结构化的、更唾手可得的工具。

想象一座冰山。一般情况下，仅有10%的冰高于水平面，其余90%隐藏在水平面以下，无法看到。很多心理学家都将它用作一种隐喻来比喻人类的意识和无意识。驱动我们的只有一部分是能意识到的，大部分都是无意识的。类似地，在一个为了某些目的聚集起来的群体中，既存在对整个群体来说有意识的

映射对话：社会变革的重要工具
Mapping Dialogue: Essential Tools for Social Change

部分，也存在群体的无意识部分。群体无意识经常以发生在正式会谈以外的一对一或小规模谈话的形式来反映，有时可能是暗示，有时可能是玩笑，有时可能是人们迟到或没有完成应该完成的工作的借口，又或者是没有表达出来的情感或观点。

我们的工作大部分是在意识领域的表面轻松完成的。但有时候，潜在的情感动力会不断阻碍我们前进、解决问题或作出决定。在这种情况下，深度民主被用来使这些问题浮出水面并促进它们的解决。它的理念是，群体的最大潜能和智慧被隐藏在深处，将通过使无意识中的内容浮出水面得到显现。如果群体无意识中的问题因缺乏公开的沟通而长期存在，那么群体可能会通过一个冲突过程来释放它们。不能把这里的冲突看作要避免的东西，而应看作一个学习和变革的机会。冲突越早出现，公开会谈越早进行，给群体带来的痛苦就越少。

深度民主的关键在于这一过程关注角色和关系而不是个体。我们通常认为，"角色"就是社会角色、职业或地位。在深度民主中，一个角色可以是一个人表达出来的任何东西，如一种意见、想法、情感、身体感受，或者一个类似父母/子女、教师/学生、压迫者/被压迫者、乐于助人者/需要帮助者等的原型角色。

一个角色通常由多个人扮演，一个人在群体内通常也不止扮演一个角色。最个性的往往与普遍性相联系，因为每个人在内心深处实际上都有表现任何角色的潜力和能力。他或她既有个人身份，又有机会了解整体模式和整体知识。

如果角色是不固定的和共享的，那么这个系统会更加健康。如果一个人仅仅单独扮演一个角色，那么这个角色就会成为这个人的负担。如果角色过于固定，那么这个组织或群体也将无法成长。在深度民主中，主持人的角色就是帮助人们使角色更加灵活，意识到自己、彼此以及彼此之间的相互依赖，并通过这些来获得他们的智慧。主持人应帮助群体降低其意识冰山的水平面。

前四个步骤

深度民主有五个步骤。前四个步骤构成了一个作出决定的独特方法，而且发生在水平面上方的意识领域。

- **不要践行多数民主。**传统的多数民主是先投票然后再作出决定。但是，让少数人高兴地同意多数人的决定就是一个"神话"。在深度民主中，多数人投票通过的决定不再是终点。少数人被鼓励表达他们的意见，不为投票让步。

- **寻找并鼓励反对的声音**。主持人需要使那些表达出异议的人感到"安全",不再害怕说出不同的意见。少数人的观点应该受到鼓励,并且允许他们说出自己的观点。

- **传播反对意见**。一旦有人表达了反对意见,其他参与者便会被问到是否赞同这个反对意见,即使只是部分人赞同。鼓励人们赞同反对意见,这个过程可以避免替罪羊的出现,以及意见不同导致的孤立和排斥。

- **获得反对的智慧**。当大多数人决定向某个方向前进时,少数人会被问道:"你需要跟着大多数人一起去吗?"这不是少数人表达反对意见的第二次机会。少数人的智慧会得到增长,并通过限定他们需要跟谁一起走来详细说明决定,这可以帮助群体作出更清醒的决策。

决策的过程是一次不寻常的尝试,即尝试得到一个少数人参与并认可的决定。这看起来达成了一致,却并非完全相同。在很多情况下,如果决策背后没有太多的包袱和潜在冲突,这种决策的过程便足够了。如果决定是由这种方式作出的,少数人将感到他们的意见得到倾听,那么群体将会更加清醒地认识到为什么要如此作出决定,冲突也将在它们变得令人痛苦之前尽早得到解决。

水平面以下

有时,待在"水平面之上"是不够的。当一个决策总是受到抵制时,当人们总是有同样小的争议时,当人们开始像一张破唱片似的喋喋不休时,当他们感到自己的意见没有被听取或者被间接听取时,就需要进入"水平面之下",进入深度民主的第五个步骤。这个步骤通过主持人在谈话过程中提高音量来实现。当一个参与者以间接方式发表意见时,主持人就会参与谈话并为那个人说话,详细阐述他们所说的内容,使内容更具方向性,并剔除不礼貌的内容。

主持人实际上是群体的一个工具。参与者直接与其他参与者进行交谈,而不是对主持人说。主持人使信息更清晰更直接,为人们提供作出反应的对象。理想的情况是,主持人不增添任何新的含义,只逐字代表参与者发言。这很像言语上的充电,并寻求其他参与者的反应。参与者也明白如果主持人把他们的发言弄错了,他们可以纠正主持人。

为了放大这件事情,主持人需要运用一系列元技能——主持技能或工具所需的态度和行为。其中两个最重要的元技能是

映射对话：社会变革的重要工具
Mapping Dialogue: Essential Tools for Social Change

价值中立和同情心。主持人不需要评判人们的意见是好还是不好，而要真正地支持人们的整体经验。这样，主持人就需要对他们的个人意识进行大量的"内在"工作，以便他们能以群体为核心，同时清醒保持自己的看法。

如果讨论经过放大而变得两极分化，这个群体或许会决定真正进入一种冲突状态。这通常会以一份慎重协议的形式进行，并且要求参与者记住，冲突的目的是发展和维持关系。这不是为了赢得一场较量。在一个深度民主的冲突中，所有参与者都同意充分表达自我，完全代表他们所在的一方。这与其他形式的冲突解决方式不同，因为其他冲突解决方式鼓励参与者首先集中注意尝试理解另一方的观点。

在冲突期间，参与者被明确要求不能表现出防御性，而且必需轮流将自己内心的想法表达出来。当冲突开始得到解决时，你通常会发现不同阵营的人开始说着同样的内容。他们变得更加沉默和沉思。此时此刻，要求每个参与者至少分享一个他们学到的东西——一条他们从冲突中获得的真理，我们就可以用这些来自真理的智慧解决群体试图解决的初始问题。

应用

深度民主是一个相对年轻的过程，但它的传播速度很快。在南非，深度民主不仅被用于企业，还被用于学校、艾滋病咨询师以及年轻人群体。默纳·刘易斯目前正在培训来自英国、美国、丹麦、以色列、法国、爱尔兰、加拿大等国的深度民主主持人。

深度民主的关键力量在于认识到情感动力的重要作用，以及将智慧融入决策。深度民主在下列情境中极为有用：一些事情没有说出来，但需要公开；人们陷入角色困境，有可能出现冲突；群体中的观点多种多样，并且需要考虑问题的不同方面；权利差异正在影响人们的行动自由；需要获得少数人的认可；人们被贴上标签。

案例——丹麦的移民和荣誉话题

移民是丹麦当前最严重的政治问题之一。作为一个难题，它已经影响到选举结果，新闻中没有一天不谈论这一话题，而且尤其强调移

> 在欧洲，移民问题非常棘手，而且这是我第一次经历有关这个问题的诚恳、开放的谈话。我们讨论了所有需要讨论的内容，对于解决这一问题我们变得更加有力。
>
> ——参与者

映射对话：社会变革的重要工具
Mapping Dialogue: Essential Tools for Social Change

民数量较多的穆斯林文化与丹麦主流文化之间的冲突。

2005 年 5 月，一个由 20 人组成的群体聚集在丹麦的哥本哈根学习深度民主。这个群体中大约四分之一是非丹麦居民，其余则是丹麦公民。丹麦公民中的一半是丹麦种族，另一半是其他民族的第二代移民或混合种族的人。主持人要求这个群体共同决定他们想要谈论的话题。两个参与者自荐来主持整个决策过程。成员中的一个立刻开始发言，说他想谈论"荣誉"这一话题。他正与一些有移民背景的年轻人一起工作，发现他们经常以有人损害他们的荣誉为借口使用暴力。他想知道这究竟是为什么，以及怎样解决这一问题来阻止暴力的发生。参与者"围成一圈"，想或不想就这个主题进行讨论。一个非丹麦种族的人说，在他的工作中，荣誉话题完全与他无关。另一个人建议，群体更应该讨论移民问题，似乎没有意识到荣誉话题正是移民问题的核心。

就在这时，有人将这个问题个人化，分享他对另一个参与者有关荣誉受损的感受，该群体决定开展一场有促进作用的冲突。通过这场冲突，一些参与者认识到自己的种族歧视和特权意识，而其他参与者开始认识到自己的受害者心态和不负责任。最

II
对话的工具

终,一些移民参与者感到,丹麦人已经在几代之前就丢失荣誉,他们不理解在伊斯兰文化中荣誉为何如此重要。这一过程之所以引人注目,部分原因在于丹麦文化过去一直对移民非常慷慨,丹麦人也把丹麦文化看作对移民非常慷慨。允许移民批评丹麦文化并公开谈论他们关切问题的空间之所以从未创设,部分原因在于这会被视为忘恩负义。

在冲突之后,双方可以阐述他们的观点,每个参与者都拥有"一点儿真理"。第二天,群体中就会出现对彼此的深度理解,以及在改善更广泛社会中的文化冲突方面进行合作的共同努力和愿望。

评价

深度民主显然是一种相当不寻常的过程。过去,我们常常试图避免或包容冲突、两极分化和不一致。与此相反,深度民主会把它们引入谈话,有时甚至会挑起它们。当这一过程发挥最佳效果时,其结果就是一种活跃的开放性和透明度,以及对群体关系和合作的有力加强。参与者可能经历了某种过程,其中花费太多时间讨论敌对和两极分化的问题,但他们随后感觉到自己经历了一次由衷的、感人的对话。

映射对话：社会变革的重要工具
Mapping Dialogue: Essential Tools for Social Change

深度民主鼓励冲突是基于冲突已存在而实际上又不可避免的假设，认识到这一点相当重要。但糟糕的是，冲突常常被控制以至于不起任何作用或者被控制到不能和平地解决它。在此，我们的观点是尽可能使冲突尽早地显现出来以减少痛苦和破坏性，增加生成性和变革性。通过深度民主这一五个步骤的便利工具帮助人们诚实地表达自己正可以将此实现。

目标	意识生成	✓✓✓
	问题解决	✓✓
	关系建立	✓✓
	知识分享	✓
	创新	✓✓
	共有愿景	✓
	能力构建	✓✓
	个人发展或领导能力开发	✓✓
	冲突解决	✓✓✓
	战略或行动计划	✓
	决策	✓✓✓
情境	和平情境	✓✓
	冲突情境	✓✓✓
	高复杂度	✓✓
	低复杂度	✓✓

续表

参与者与主持	小群体（<30）	✓✓✓
	大群体（≥30）	✓
	多方利益相关者	✓✓
	对等群体	✓✓
	权利的多样性	✓✓
	文化的多样性	✓✓
	特殊训练要求	✓✓✓

在我们看来，运用深度民主方法时，有一个训练有素、经验丰富的主持人至关重要，尤其是在风险较高的群体中。这可能是本书中最需要深入训练主持的工具，而且从未被完全掌握。即使同一名优秀的主持人在一起，对参与者而言，深度民主起初也是一个令人沮丧的经历。这只是参与者经历的一部分，但这种经历使它变得更重要，即主持人有信心并且清楚他们在做什么以及为什么这样做。

深度民主对促进对话顺利进行的价值，以及其背后蕴含的很多哲学理论和假设，与其他特殊工具一样。在思考什么对某一群体的对话过程有用时，有一些来自深度民主的小窍门。特别是，我们发现"扩散反对意见"且不让参与者困在一个角色中的想法非常有用。与其随波逐流地应对批评并将某人从群体中孤立出来,倒不如通过询问谁还持有这种观点从而将批评的声音引入对话。当有人对群体的前进方向持有异议时,不妨提问:"你要走哪条路?"

未来探索

概述

未来探索(future search)通过一个聚焦任务的日程安排,以全系统视角进入某个空间来审视参与者的过去、现在和未来。这种设计旨在让所有参与者都握有对过去、现在和未来的所有权,从而为集体的未来行动找到共同基础。未来探索会议均有一个具体的主题,所有利益相关者会针对这一主题共同讨论三天。这个过程的一个重要原则有赖于所有参与者愿意接受公开邀请,在一个探索性过程中共度几天时光。

未来探索是威斯鲍德(Marvin Weisbord)和简奥夫(Sandra Janoff)设计的一种过程。在此过程中,社区或组织中具有利害关系的不同人群能共同设计他们的未来。威斯鲍德和简奥夫撰写的《未来探索》(*Future Search*)一书,详细阐述了这一过程,并以简述的方式进行总结。未来探索的过程有一个特定的结构要遵循,这一结构是根据数百个类似集会的经验设计和发展而来的。这一过程通常会召集60—70名参与者。这一人数的制定原则是,通过选拔至少8个利益相关群体参与,每个群体都由大约8个参与者来代表,使全系统视角进入空间。

过程

未来探索建议,日程至少历时三天两夜。以下是一个典型的未来探索日程。

第一天,下午(13:00—17:00)

关注过去:不同利益相关者群体混合,分享他们的生活故事并讨论他们在某些特殊年份经历的里程碑式事件。来自这些群体的每个人随后将他们的经历标示在墙上巨大的翻转图表中,图表被分为社会类和个人类两个栏目。最终得到一长串经历,填满墙上的翻转图表。与会的每个人会感到这是全体成员共同的过去经历,感受到个人轨迹与社会轨迹之间的相似特征。

关注现在和未来趋势:现在,整个群体一起回顾影响我们当前生活和社区的趋势是什么。这些经历被主持人记录在一张

映射对话：社会变革的重要工具
Mapping Dialogue: Essential Tools for Social Change

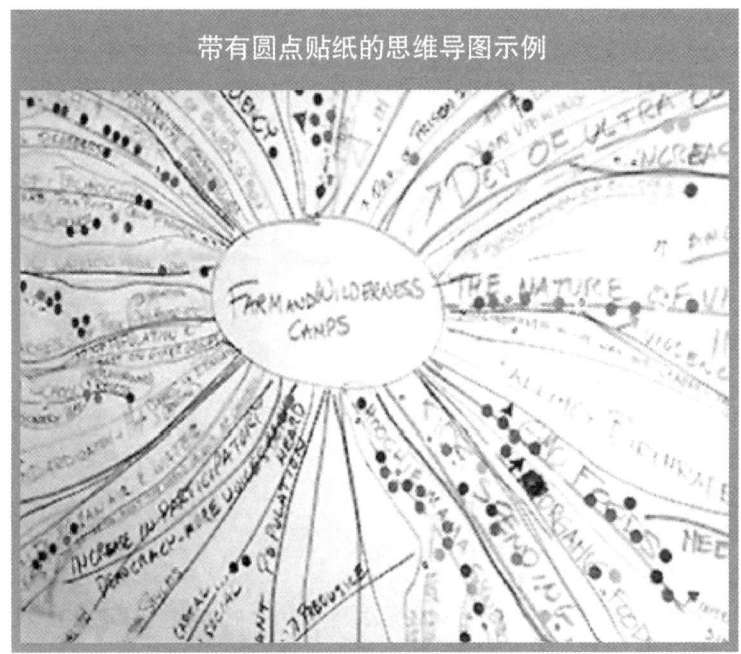

带有圆点贴纸的思维导图示例

思维导图上。等这些经历被写在思维导图上后，参与者用彩色圆点贴纸"票选"出他们觉得最重要的趋势。这一部分的议程到此结束，每个参与者都有机会利用晚上的时间反思这幅极为复杂的思维导图。

第二天，上午（8：30—12：30）

继续—趋势： 较大的群体现在被分成原本的利益相关者群体（利益相似、组织环境相似）。这些利益相关者群体回顾这些趋势并决定哪些趋势是重要的,以及哪种趋势是他们想拥有的。

聚焦现在,拥有我们的行动:随后,每个利益相关者群体讨论他们小组对这些趋势的贡献,既可以是让他们感到自豪的,也可以是令他们感到遗憾的。

这是每个利益相关者群体对当下手头问题承担责任之处。这些群体把他们"自豪的事"和"遗憾的事"呈现给较大的群体,而这与他们优先考虑的趋势有关。

第二天,下午(13:30—18:00)

理想的未来情境:群体回到前一天打乱而坐的状态。这种练习的目的是想象10—20年后他们期望的未来,并将这一情景呈献给较大群体,仿佛它就发生在今天。很重要的一点是,鼓励这些群体用他们的思想、身体和情感思考,叩击无意识的愿望。他们还需要重视从未来探索开始到情景实现为止,这一过程中他们克服的障碍。

确定共同点:一旦这些设想付诸实践,这些混合群体所重视的共同未来主题就出现了。他们也关注可以帮助他们实现这些未来的潜在项目和战略。最后,他们注意到意见不一致的现象依然存在。

第三天,上午(8:30—13:00)

继续—确认共同点:整个群体回顾前一天下午形成的列表。讨论的实施有助于理解每个观点的含义,以及是否达成一致。对于没有达成一致的观点,群体会把它标注出来,然后继续讨论。这项训练还探索现实与理想之间的紧张关系。群体需要决定是使用剩余的有限时间探索冲突领域,还是关注已经创设的共同基础。

行动计划:现在,参与者有机会邀请对特定项目或主题感兴趣的其他人加入行动计划。这一过程类似开放空间(open space),作为一个单独部分进行阐释,其目的是鼓励人们进行跨界合作来解决这些议题。随后,这些群体进行汇报,强调这些信息将如何被应用和传播。至此,会议结束。

未来探索的准备

未来探索会议的准备过程是会议成功的关键。让所有利益相关者出席并拥有所有权需要花费一定的时间。未来探索通常由某个特定的组织或个人(有时是重要利益相关者)赞助。赞助方将其他利益相关者组织起来,并"主持"筹备工作。

II
对话的工具

应用

未来探索已被广泛运用到世界各大洲，覆盖的国家和地区包括苏丹、俄罗斯、斯里兰卡、博茨瓦纳、瑞典、北爱尔兰和澳大利亚。它也被用于诸如医疗保健、教育、商业等不同部门。要获取更多相关应用的介绍可浏览未来探索的网站。

根据威斯鲍德和简奥夫的观点，未来探索会议要取得成功必须具备以下条件。

1. 全系统需进入空间。未来探索仅在全系统进入空间的情况下起作用。重要的是，一个议题的许多重要利益相关者都在场，而整个系统的不同声音也在起作用。允许各类观点之间建立新的关系，一个利益相关者可以借助与其他支持者的互动学到更多关于自身和世界的知识。如果一群正常互动的人在互动时只说出一部分信息，那么共同的未来就不可设想，未来探索也不会起作用。

**建议与所有利益相关者代表进行至少
两次预备会议以开展下列工作**

- 确定目的和期望。
- 介绍主持人。

> - 同意会议日程。
> - 决定邀请名单。
> - 组织好后勤工作。

2. 作为局部行动背景的"大局"。为了使参与者所见略同，让所有人讨论同一领域很重要。在做任何有关这一领域的事情之前，群体必须尽可能详细地描述它。因此，会议以探索"全球趋势"作为开始。

3. 探索当前的现实和共同的未来，而不是问题和冲突。未来探索致力于研究未来情景，而不是问题解决或冲突管理。这一过程承认分歧，但并不解决分歧，因为会议的目的不在于建立团队或解决冲突。共同基础就是这一规划过程的背景。

4. 自我管理探索和行动计划。自我管理群体被用于整个过程之中，以减少被动性、层次结构和对主持人的依赖。它的目的在于转移来自外部主持人的控制。建议小群体轮流扮演主持人、报告者和计时员的角色。

5. 参加整个会。议重要的是，每个参与者都应参与改变他们关于需要做什么的观点，以建立共同基础。为此，每个人都需要出席整个会议，而且不鼓励非参与者或旁观者在场。

6. 健康条件下的会议。 正如对这一工具的强调，良好的食品和自然光的健康氛围可以帮助人们集中精力与能力。会议空间应易于调整（move around），并且对大小群体的改变具有一定灵活性，同时也应有足够大的墙面以悬挂翻转图表。

7. 工作三天。 真正重要的不是时间的长短，而是一个超过两天可以用于全神贯注学习的空间，这是一个优点。未来探索假设未完成的无意识工作会在夜间完成，该项目也是依此而设计的。

8. 公开负责后续工作。 让人们选择他们报名参加的行动组，并公开确认他们下一步的工作，这有助于共担对后续过程的责任和承诺。

案例

下面的案例摘自威斯鲍德和简奥夫 2000 年出版的《未来探索》一书。

孟加拉国的国家建设。 联合国儿童基金会（UNICEF）同意

映射对话:社会变革的重要工具
Mapping Dialogue: Essential Tools for Social Change

赞助在孟加拉国进行未来探索的培训,该国拥有1亿人口和较多社会问题。这个项目的目的是培训一批当地的主持人,他们将轮流主持未来探索以设想孟加拉国未来新的现实,并促使大量贫困人口脱贫。1994年,50个孟加拉国的顾问、培训者和管理者为了接受培训而齐聚一堂。其中一个挑战是,参与者努力想象未来的大梦想,例如,一个没有童工的国家。参与者一致认为,"我们需要学习如何去梦想"。后续还规划了一系列会议,有关"防止儿童死于痢疾""儿童早期发育""童工""控制艾滋病传播"以及其他话题的未来探索开始运行。作为规划工具,这些会议在孟加拉国非常受欢迎,并随后推广到南亚其他国家,如尼泊尔、巴基斯坦、斯里兰卡等。

区域经济的发展:加拿大因纽特人。当北极的因纽特人(Inuit people)被赋予一个新的家园,他们开始了未来探索,以制定一个经济发展战略。未来探索的过程用当地方言和英语两种语言同时实施,包括击鼓跳舞和其他传统习俗。会议容纳了一系列新家园的利益相关者,并建构出教育与培训、社会发展、文化与语言保护、小生意发展、交通、公共设施以及其他行动计划的组织框架。因纽特人赞助了几个后续的未来探索,当地社区领导人在很多层面上学习了关于促进基于社区行动计划的未来探索技巧。

评价

未来探索是一个结构化的过程,有一个复杂的会议"架构",它被有意识地设计成按特定顺序流动。这是一种优势,但也显得过于死板。重要的是意识到,在指导如何进行未来探索时,似乎暗示只有一种方法可以进行。但未来探索网站和时事通信都涉及以不同方式适应不同文化背景的参与者之间的积极讨论。很明显,未来探索的应用方式是多样的。

	意识生成	✓✓
	问题解决	✓✓
	关系建立	✓✓
	知识分享	✓✓
	创新	✓✓
目标	共有愿景	✓✓✓
	能力构建	✓
	个人发展或领导能力开发	✓
	冲突解决	✓
	战略或行动计划	✓✓✓
	决策	✓✓

续 表

情境	和平情境	✓✓
	冲突情境	✓✓
	高复杂度	✓✓✓
	低复杂度	✓✓
参与者与主持	小群体（＜30）	✓
	大群体（≥30）	✓✓
	多方利益相关者	✓✓✓
	对等群体	✓
	权利的多样性	✓✓
	文化的多样性	✓✓
	特殊训练要求	✓✓

我们发现未来探索最强有力的一个方面在于对可视化技术和创造性过程的运用。群体第一天收集的整面墙的历史年表通常会讲述一个引人注目的复杂故事，而当前流行的彩色思维导图也是如此。同样，人们面对的挑战是如何实现其关于未来的愿景，而不是仅仅把它们画在翻转图表上，触发多元智力和激发想象力。

指出未来探索不能做什么很重要。例如，未来探索不能弥补软弱无力的领导。如果领导不按未来探索的理念行事，或者不按章程行事，那么它就不会起作用。这一过程在行动规划点停止，并把执行计划作为参与的利益相关者的责任和所有权。未来探索也不能使深层价值差异一致化。如果人们的反对深植于宗教或政治上的分歧,那么就不可能在未来探索中得到解决。未来探索明确趋向于求同存异。在很多情境下,这是足够的,但如果潜在问题或分歧会阻碍行动,便需要其他过程来替代或补充未来探索。

最后,对未来探索而言,大型的主持培训是有用的,但我们也感到,如果有人具有很强的通用主持技巧,也有可能根据本书和网站上提供的优秀书面材料来主持未来探索。

巴以和平学校

概述

1972年,一群阿拉伯人和以色列人聚集在一起,建立了一个可以自愿共同居住的村庄。他们将这个村庄称为"和平绿洲"(oasis of peace)[①]。1976年,这个社区建立了一所和平学校(school for peace),这是利用社区丰富的共同生活经验,为犹太人和阿拉伯人打造的一个"接触项目"。他们相信,如果他们能

[①] 希伯来语为"Neve Shalom",阿拉伯语为"Wahat El Salam",与英语"oasis of peace"含义相同。

映射对话：社会变革的重要工具
Mapping Dialogue: Essential Tools for Social Change

使犹太人和阿拉伯人在真实的私人场合接触，那么他们固有观念中占主导地位的刻板印象就会减少，和平就会成为可能。

今天，和平学校的建立者意识到他们的初衷是多么天真。他们很快就发现这种"接触假设"——你只需要遇见和认识对方——事实上不是什么经验之谈。如果你只是把人们聚在一起并让他们成为朋友，那么他们只会简单地在心里设法将他们的新朋友从其所属的群体中分离出来。这种态度的本质是："你还不错，可以成为我的朋友，但是你也没什么特别之处，你不像其他的犹太人/阿拉伯人/黑人/白人……"这种心理上的合理化被称为"亚类型"。

巴以冲突是两个民族之间的冲突，而不是两个个体之间的。和平学校团队意识到，刻板印象只是一种症状，是难以被根除的深层观念的表现。集体认同真实存在，并且由根深蒂固的信念构成。与一些理论描述的相反，它们很难通过教育来消除，也不可能通过经济发展来抵消。

基于这一现实，和平学校为"接触项目"开发了一种更加成熟和重要的方法。他们将这种方法设置为两个国家身份之间的接触，并开始鼓励参与者认同他们的团体。这一方法通过反复

II
对话的工具

试误发展起来，事后才逐渐得到越来越多的社会科学理论支持。

过程

这个项目的意图是让参与者通过真实、直接的对话与其他群体接触，以检验他们自身的身份。这确实围绕着达成共识（creating awareness）和理解而进行，并促使参与者领会周围发生在以色列的动荡和暴力过程，以及他们自身在冲突中的角色。和平学校为参与者创造了一个安全的空间，让他们在群体中检验自己的感受和想法。他们批判性地审视通常被认为是理所当然的事情，挑战已有现实，并提出新的可能性。

每个项目中，阿拉伯参与者和犹太参与者人数相同，阿拉伯主持人与犹太主持人的人数也一样。这些群体通常被分成更小的约由16人构成的小群体——8个阿拉伯人和8个犹太人。此外，每个小群体还配有1名阿拉伯主持人和1名犹太主持人。阿拉伯语和希伯来语均为官方语言，参与者被鼓励借助翻译使用母语进行发言。主持人的任务就是弄清过程、分析并向群体反馈正在进行什么，以及在参与者的持续对话进程中创建与外部现实的联系。

群体的会议分为两个论坛：两个民族共同参与的论坛（阿

映射对话：社会变革的重要工具
Mapping Dialogue: Essential Tools for Social Change

拉伯人和犹太人一起讨论）和单个民族论坛（阿拉伯人和犹太人各自进行讨论）。参与者通常花四分之三的时间在两个民族接触的群体上，四分之一的时间则用于单个民族群体。起初，参与者倾向于批评对单个民族群体的介绍。参与者认为，既然他们已在跨文化情境下相遇，那么单个民族群体就没有什么价值了。但是，当谈话争议越来越大时，单个民族群体就成了一个较为安全的场所。在这里，参与者可以随意表现出脆弱、验证自己的身份、分享深刻的认识，以及在他们的群体内探索自己的亚身份（sub-identities）。这些亚身份包括穆斯林、基督徒和德鲁兹人（Druze Arabs）之间的差异，还有德裔犹太人（欧洲）、米兹拉希犹太人（中东）或者自由主义犹太人与国家主义犹太人之间的差异，等等。这些差异在两个民族接触的群体中很难进行验证，因为犹太人和阿拉伯人的身份差异泾渭分明。

> 无论多么痛苦，我们的认识中最能体现人类价值的是：选择的权利，以及选择改变和被改变。
> ——哈拉比（Rabah Halabi）

不平等、以色列政治和文化的动力、作为以色列犹太人和阿拉伯人的遭遇等问题是群体间对话的中心。参与者被邀请提出他们感兴趣和感到困扰的议题。这种观念是为了促进社会变革的发生，两个群体之间需要发生一场真正的、真实的、面对面的对话。尽管是为了使两个群体能在一个平等、真实的水平上走到一起，但主持人仍然发现阿拉伯人群体在每一个环节中都最先变得强势，以消除自卑，根除已经内化的压抑。如果他们能建立一个清晰、自信、有意识、有界限的群体内身份，他们就能更好地进行群体间对话。

和平学校内的群体被假设为一个"微型世界"。这意味着即使这些群体不具人口统计学上的代表性，一个较大社会的应有要素依然可以在某个人身上或某个群体中以某种形式被发现。和平学校的主持人相信，那些在群体中反复展现的过程反映了整个社会的走向，以及以色列作为一个国家必须经历的旅程。和平学校的实际过程可能会根据项目计划而有所不同。我们在下文提供了两个实例——大学计划和青年人计划。

应用

到目前为止，已有来自各行各业的 35 000 人参与了和平学校项目——从律师到社会活动家，从学童到教师。这些项目不仅影响了参与者个人，而且影响了他们的朋友、同事和家庭成员。它们还在以色列主要的大学里教授课程。

我们不知道这个方法在其他国家被传播和复制的程度。以色列和巴勒斯坦的情况当然是极好的,但在这一过程中,许多突然出现的动力是少数派群体和强势的多数派群体之间共同的原动力。这个过程似乎与民族、种族或者不同情境中其他少数民族和多数民族之间的动态高度相关,它的某些方面甚至涉及部门之间、代际之间或者其他种类群体之间的对话。

案例——成人项目和青年人项目

成人项目

这是1996—1997年在特拉维夫大学实施的一个大学项目。一个由16个学生组成的群体,一半是阿拉伯人,一半是犹太人,共进行了22次会议,每次会议历时3小时。这个群体经历了以下5个阶段,是此类项目的典型。

1. 初期探索和意图声明。在第一阶段,参与者都很有礼貌、小心谨慎,群体的边界并不明确。每个群体都由其他群体的成员来识别,讨论的焦点是初次见面的性质。

2. 只强化一方。现在,群体中的一方开始凝聚和团结起来,展露出勇气,并且通过单个民族会议从彼此身上获取力量。

II
对话的工具

他们会在单个民族会议上表达不同的意见,却不会在其他群体面前表达。群体开始分开坐并且更明确地表达自己的身份。一方开始主导谈话,焦点是要求权利,批评对方。

3. 通过另一方恢复权利。另一群体经历了控制和权利的丧失。他们不知道如何应对那些不熟悉的人,如何获得强烈的他人认同。他们表现出沮丧和绝望,并考虑离开这个项目。他们现在开始加入受害者的行列,指出其他人如何逆转了角色,暗指他们刻薄和缺乏人性。"我们理解你们,但你们不理解我们。"随之发生的是一场关于谁更人道的斗争。一个群体通过攻击另一个群体的弱点重新获得控制权。现在他们感到痛苦,其他人则感到自己重新控制了局面。

4. 僵局。当双方都感到筋疲力尽和极度失望时,对话好似被榨干了。然后,有人开始谈论他们面前的选项。失望被转化为行动,并且因失落感的出现而产生了一个不同的深度对话。两个群体都接受了权利的平衡并"达成一致"。

5. 一个不同的对话。一个群体拥有了自己的优越感,并愿意作为统治者和强势群体谈论自己。对话过程有一种突破和相互尊重的感觉。当"被压迫者"和"压迫者"都在这个微观世界中得到解放时，双方的人性得到了恢复。群体身份再次变得不那么重要，参与者又开始各自为战。对话也回归如何共同生活和如何回到现实等实际问题。

青年人项目

青年人项目是和平学校中最常见的项目。这类项目通常为期四天，比成年人项目更有组织，但不会像上文描述的那样产生心理紧张。

青年人项目通常由约60名年龄在16—17岁的十一年级学生组成，他们被分为4个14—16人的小组，于四天内同时工作。

1. 第一天以个人之间互相熟悉和消除焦虑为主，创设舒适、积极的气氛。参与者介绍他们自己，互相了解对方的名字及其含义，谈论诸如学校、家庭、未来规划等熟悉的话题，同时成对分享自己的故事。

焦点是他们的共同点。游戏和活动有助于打破尴尬冷场的局面，而且介绍了一种只能通过跨文化合作完成的练习。政治问题被回避。然而，权利关系依然存在，因为犹太人会趋于强势，而且每个人都说希伯来语。

2. 第二天，他们开始相互了解彼此的文化。在混合后的4

个小组中，向参与者提供写有文化差异的讨论话题的卡片。谈话以有关"我们做事的方式……""他们做事的方式……"开始。在此，对话由个人之间转为群体之内，青年人开始直面他们的优越感和自卑感。在单个民族会议之后，他们回到相遇阶段，开始通过一种"照片语言"活动来谈论政治。

参与者需要从许多照片中选出一张，并用这张照片来描述他们作为一个以色列阿拉伯人或犹太人的感受。通过这种形象化的选择和讲述，每一方都可以表达他们的感情。因此，每一方都努力证明自己的说法是正确的。这一天以单个民族会议作为结尾。在这里，双方都意识到，对他们中的大多数人而言，这是他们第一次被要求真正参与并与对方进行讨论。

3. 第三天是模拟游戏。青年人需要设想，50年后，以色列与阿拉伯国家之间全面和平，但身在以色列的阿拉伯少数民族的地位没有发生改变。示威游行活动时有爆发，以色列政府与少数民族就安全、教育、象征意义和代表，以及国家性质等问题展开谈判。

现在，青年人必须就这四个话题中的每一个组建谈判团队，并想象他们正处在这一政治进程之中。他们挣扎于它是否只是一场游戏，又或是否是一种现实。他们面临的现实挑战是要弄清楚他们支持什么，以及他们想要什么样的社会。

4. 第四天，他们展开了一场结束对话，谈论如何将这些课程带回家。每个参与者都要写一封信，供其他参与者复制到影集中以纪念这几天的经历，并在庆祝仪式上给每个参与者颁发出席证书。

评价

和平学校方法令人惊异，并与我们所学的很多关于如何对话的方法相反。它吸引我们并引导我们将其收入本书的地方在于，它强调真实性和面对现实，并开发了一个真正适用于以色列，而不是从不同情境中引进的对话过程。

目标	意识生成	✓✓
	问题解决	✓✓
	关系建立	✓✓✓
	知识分享	✓✓✓
	创新	✓
	共有愿景	✓✓
	能力构建	✓✓
	个人发展或领导能力开发	✓✓

续 表

目标	冲突解决	✓✓✓
	战略或行动计划	✓
	决策	✓
情境	和平情境	✓
	冲突情境	✓✓✓
	高复杂度	✓✓
	低复杂度	✓
参与者与主持	小群体(<30)	✓✓✓
	大群体(≥30)	✓
	多方利益相关者	✓✓
	对等群体	✓✓
	权利的多样性	✓✓✓
	文化的多样性	✓✓
	特殊训练要求	✓✓✓

尽管不是所有的,但本部分中的其他大多数方法都强烈地强调个体一定要为自己说话,成为一个群体或组织的代表抑制对话。在此情况下,集体认同的中心性不仅没有被忽视反而被合并了。本书描述的其他工具都是由具有特权背景的人开发的,与它们不同,和平学校有助于了解少数民族和弱势群体的观点。然而,和平学校方法既困难又复杂,参与者可能会感到它不

尊重个体差异，不允许个人表达自己的观点。

对我们而言，包括这种方法在内，我们并不建议将其作为整体照搬使用，而是要更多地考虑它提出的有关个人与群体之间区别的问题，并把其中的一些方面融入其他出现群体聚集和权利差异的过程之中。特别需要指出的是，在许多跨部门、跨文化和跨代际的群体中，应该允许参与者在多样化和同质化群体间流动。

开放空间技术

概述

开放空间技术（open space technology）允许或大或小的群体在短时间内自组织并有效地解决复杂问题。参与者创建和管理自己的平行工作会议议程，以战略重要性为中心主题。开放空间技术为我们提供的至少是一种举办更好的会议的新方法。然而，它可以发展成一种新的组织方式，将整个组织或更小的社区融入

> 在开放空间会议中，没有什么观点是可以隐瞒或不能说出的，一切都被摆在桌面上。
> ——开放空间技术实践者

其中。

欧文(Harrison Owen)在20世纪80年代中叶创立了开放空间技术。他(在此之前)有过几次做好大型会议的经历，这些会议的亮点都是正式日程以外的对话。这使他开始思考换一种会议组织方式是否可行。他的问题很快就发展成如何将良好的休息时间带来的协同效应和兴奋程度与良好会议的实质性活动和结果特征相结合。

在寻找答案的过程中，他在利比亚某个西非小村庄一个历时四天的年轻男子成年礼上得到灵感。尽管看起来没有组织委员会或正式的组织机构，但这四天的仪式运作得很顺利，参与仪式的500人都在管理自己、活动、事件、食物、音乐和仪式进程中的所有其他方面。从这次经历中，欧文总结了一些构成今天开放空间技术的基本原则。简单来说就是，作为组织中心的圈子，人们公认并可以组织的节奏，围绕不同产品连接起来的村庄集市，可以用来传递和分享信息的公告牌。

开放空间已成为世界上一些最大的自组织会议的操作系统。开放空间技术的优点在于，每个与会者都参与到他们真正想要参与和决心从事的领域中并通过这一技术来开展工作。但这个方法的风险在于，人们选择其反应和参与的自由不受规划者和组织者的控制。

开放空间会议是如何运作的

一个开放空间会议可以持续两小时到几天的时间。当人们聚在一起时，他们共同确定会议的日程，并允许人们根据自己的激情和兴趣来制定会议日程。每一个开放空间会议都以大圈子的形式开始，所需要的仅仅是一位主持人。在最初的开场欢迎致辞之后，主持人将通过引入某个主题或亟待解决的问题来打开空间，正是它将人们聚在一起。主持人解释说，在接下来的一小时内，他们的议事日程将在这面看起来大而空的墙面上形成，所有的会议都将由参与者自己来发布和主持。邀请人们就他们自己热衷并愿意承担责任的主题提出会议和讨论，以回应位于中心的主题或问题。但是，在开始集体制定会议日程之前，主持人还需要说明开放空间技术的基本原则和一个定律。

四个原则

- **"无论谁来都是合适的人。"** 这一原则告诉人们，放下他们的需要，让某些特定的人加入他们的群体。或许他们会喜欢有一定影响力的人或某个领域的专家。依据这一原则,人们需要承认,那些足够关心、自由选择加入某个对话的人恰是启动那个领域工作的最合适人选。

- "无论何时开始都是正确的时间。"这一原则认为,当会议在某一特定时刻开始时,创造力和灵感并不总是随我们的设想开始发挥。万事万物总会在它们准备好开始的时候开始。

- "无论发生什么都是唯一可能发生的。"这一原则让人们放弃有关事物如何发展以及向何处发展的期待。我们需要学会放弃这些期待,取而代之,把握当下并注意我们周围实际发生和出现了什么。

- "当它结束时,它就结束了。"我们不知道解决一个问题需要多长时间。在开放空间中,问题比时间表重要得多。如果我们在规定时间内完成,那么我们将继续做点别的事情。我们不能仅仅因为时间表规定我们何时做什么而停留在某处。它还可以用另一种方式工作。如果议程已经结束而我们还没有完成,我们可以自组织将未完成的事情延续到另一个议程中,确保已将其贴在墙上让其他人知道(这一变动),并在会议之外寻找继续处理这个问题的方法。

映射对话：社会变革的重要工具
Mapping Dialogue: Essential Tools for Social Change

> 我无法想象能有一个更好的方法来发掘组织的潜能。
> ——开放空间技术从业者

一个定律

双脚定律（law of two feet）鼓励人们为其所学、内心的宁静和贡献负责。如果一个人感到处在一个不能学到东西或不能作出贡献的地方，那么双脚定律就鼓励他离开，或去另一个他认为能提升价值、更具融入感的群体。他们还可以选择一起做一些其他事情。最为重要的是，人们不能一直待在某个让他们感觉浪费时间的地方。按照这一定律，一些参与者将变成"大黄蜂"，他们从一个会议飞到另一个会议，在两个会议之间异花授粉，或者像"蝴蝶"，选择偶尔跳过正式会议，在规定的时间里跟着感觉走。有时，两只"蝴蝶"在正式会议以外的非正式谈话中相遇了，一个新的话题便在这种非正式谈话中诞生。这些原则和定律为开放空间会议提供了专门的"容器"，促使人们为其所学和贡献负全责。它们创造了一个人们可以全神贯注和努力工作的情境，但也保持灵活性，并欢迎各种惊喜。"准备好迎接惊喜"是开放空间会议的惯有提醒。

有了这些基本的指令，群体现在已准备好填满他们的空墙了(见表1)。主持人要求人们思考他们的想法或亟待解决的问题,作为对主题的回应。短暂的沉默之后,她邀请所有准备好的人来到中心位置,拿一支记号笔和一张纸,写下他们的想法或问题,并大声朗读出来,然后把它贴在墙上——在几个事先安排好的空间/时间选项中选择一个。有时会出现短暂的安静时刻,但总会有人站起来,开始写下他们的观点并将它们贴到墙上。一小段时间后,当天或本周的日程便制定好了。人们走到墙前阅读上面的不同信息(offerings),报名参加他们想加入的组织。

表1 开放空间会议日程示意

	主 室	茶餐厅	休息厅	图书馆	花 园
8:30—9:30	社区会议(community meeting)				
9:30—11:00					
11:30—13:00					
13:00—14:00	午餐				
14:00—15:30					
16:00—17:30					
17:30—18:00	集合(convergence)				

现在,工作可以开始。在一次较长的开放空间会议中,群体

映射对话：社会变革的重要工具
Mapping Dialogue: Essential Tools for Social Change

早晚时分将再次聚集为一个整体各开一次简短的会议来汇报他们的主要突破，向人们发布新的会议，帮助人们保持整体感。每个小组的主持人需要汇编其会议报告。通常，为了使参与者能带着最终报告回家，会议报告都是在会议持续期间进行分类和汇编的。

在需要作决定的地方，还需要留出时间来集中精力并排出优先级。这可能需要几个小时的时间才能做好，即便是在更大的群体中。

应用

开放空间技术正在全球范围内应用。它曾在南非的小镇、中东的巴以对话、众多公司、非政府组织（NGOs）的规划和社区参与部门以及相类似的公共部门中使用。它可以用于 5 人或 1 000 人的会议。根据欧文的观点，开放空间技术应用于以下情形效果最佳：存在冲突、事情复杂、涉及各类人员、答案是昨天需要的。伴随着参与者之间紧迫感的个人的投入至关重要。多样性越大，实现真正突破和获得创新成果的潜力就越大。从规划到行动的过程中这尤其有效，真正的行动是通过人们的介入并在他们关心的地方承担责任来推动的。

II
对话的工具

开放空间技术可以独自应用,但与其他工具和方法结合起来时,效果一样甚至更好。例如,世界咖啡馆、欣赏型探究、远景规划,等等。在这种情况下,在聚会快要结束时使用开放空间技术属于常规操作,它允许在澄清想法和观点的过程之后,对某些部分承担责任。

两个案例

第一个案例是欧文在论述开放空间技术的论文中描述的。1992年初夏,开放空间技术被用于南非一个小镇,以推动几个政治团体之间的有益讨论。谈话的焦点在于增进这一领域的交流。整整一天,各政党的代表与附近工厂的工人(大部分是白人)一起工作。如果说所有问题都得到解决,或者说爱与光明全面迸发,极为夸张。不过,他们讨论激烈、富有成效,而且没有怨恨。这与相邻村镇的情况形成了强烈对比,在那里,对话中止,流血冲突时有发生。对话还具有持续性效用。这个特别的聚会结束后几天,其中一位参与者打来电话说,作为当地一所学校的校长,两年来他一直试图让人们参与到创造自己的未来中去,但一直毫无起色,人们就像木头上的疙瘩,无动于衷。之后,他试着使用开放空间技术,问题迎刃而解。人们逐渐参与

映射对话：社会变革的重要工具
Mapping Dialogue: Essential Tools for Social Change

> 随后两天的开放空间会议是成功的，用首席执行官（CEO）的话说是一个奇迹。他补充说，三年前，他们收到了一份来自以色列某著名国际战略公司会议的厚厚一叠报告，该报告价值150万美元，该公司几乎无法实施。现在，仅用其中一页报告的花费就能生产出更好的产品，而且看起来我们完全可以负担得起。
>
> ——哈拉马蒂（Avner Haramati）

进来，而他只有一个选择，那就是退守一旁。

第二个案例向我们展示开放空间技术如何与欣赏型探究相结合，帮助一个国际组织建立一个公共平台和规划未来。国际儿童夏令营村（Children's International Summer Villages，CISV）是一个非营利性组织，它通过和平教育方式面向全世界儿童和青年开展跨文化理解项目。他们有超过60个国家办事处，并计划开发一个涉及他们组织基层的新战略计划。他们决定使用带有开放空间技术的欣赏型探究，将欣赏型探究收集信息和建立共同基础、共同方向、对未来的共同愿景的潜能与利用开放空间技术动员人们在其深切关心的领域采取行动的效力相结合。

每个成员国都收到一本解释欣赏型探究方法的手册，开始

II
对话的工具

了一个大规模采访活动,以收集个人与组织一起度过的时光中充满灵感和美好的经验故事。数千次采访集结成一本故事书,总结了核心价值观和对未来的期望。

这本书成为一场为期两天半的欣赏型探究峰会的基础。峰会上,人们沉浸在故事和数据之中,建立自豪感,明确他们擅长的方面,以及在哪里他们可以自然地培养长处等方面建立自豪感和明晰感。由此,他们为未来制定了切实的目标(以煽动性提议的形式)。

一个全面概括未来的主题成为为期一天的开放空间会议的主题,有150名来自世界各地的参与者参会。会议的结果是爆炸性的。众多有关国际儿童夏令营村的实用想法、计划和重点领域纷纷浮现,最终,参与者和另外几个网络参与者对这些想法、计划和重点领域进行了优先排序与投票。在报告小组的成果时,人们将他们的报告与总目标联系起来,并确保每个人都能理解每一份报告的含义,以及它如何与投票前描绘的整体远景相结合。包括网络参与者在内的每个人票选出国际儿童夏令营村的首要任务。他们还要确定哪里是他们想要发起并推动组织向前发展的地方。

他们借此过程完成的是一个规划,这个规划在参与者中变得很活跃,甚至从某种意义上说,它在行动步骤执行之前就已经开始。他们运用欣赏型探究和开放空间技术重新点燃草根阶层的激情,使他们从一开始就致力于实施。

评价

开放空间技术在激情、冲突和亟待解决的问题上尤其有用。开放空间技术用途如此广泛,以致我们在方法列表的绝大多数分类上都给它打了中等的分数。当然,这不是说它是一个中等的工具。只要使用恰当,这一工具可以带来完全不同的效果。

	意识生成	√√
	问题解决	√√√
	关系建立	√√
	知识分享	√√√
	创新	√√
目标	共有愿景	√√
	能力构建	√√
	个人发展或领导能力开发	√√
	冲突解决	√√
	战略或行动计划	√√√
	决策	√√

续 表

情境	和平情境	✓✓
	冲突情境	✓
	高复杂度	✓✓
	低复杂度	✓✓
参与者与主持	小群体(＜30)	✓✓
	大群体(≥30)	✓✓
	多方利益相关者	✓✓
	对等群体	✓✓
	权利的多样性	✓
	文化的多样性	✓✓
	特殊训练要求	✓

在存在激情、冲突和亟待解决的问题的情况下，开放空间技术的效果尤其好。在这种情况下，它确实可以帮助群体快速而清晰地前进。另外，当参与度或兴趣较低时，它的效用平平。人们需要在场是因为他们想要在场而不是被要求必须在场。出于这些原因，正如在被邀请参加开放空间会议的阶段、会议或会谈时已明确表示的，目的是至关重要的。伴随明确的意图和真正的需要，开放空间技术美好地证明了当人们被允许自组织他们的前进道路时，一个规划者的组织作用多么微弱。事实上，对大多数潜在的开放空间会议来说，规划者的艺术是真正学会下放他们的权

映射对话：社会变革的重要工具
Mapping Dialogue: Essential Tools for Social Change

利。这也是开放空间对新主持人而言非常亲切的原因。

同时，将开放空间与其他方法相结合通常是重要的，其原因之一是存在开放空间会议结束而不同群体之间未发生趋同这样一个重大风险。小群体中可能发生了很多重要的对话，但它们未能被恰当地编织在一起。寻找创建这种趋同并与整体重连的方法是对使用这一方法的主持人和组织者的重要挑战。

同样，当欧文指出开放空间技术对冲突情境有用时，依我们的经验，风险在于冲突团体只愿意选择与那些赞成他们意见的人一起工作。在这种情况下，将开放空间技术与更直接地旨在解决冲突（而不是在发生冲突的情况下保持效率）的过程结合起来可能是有用的。与此类似，尽管开放空间使正式的权利结构均等，即它赋予权利较少的个人平等的主持会议的权利，但依然需要使用其他过程以处理非正式的权利动态，从而建立实现这一目标所需的信心和真正的自由。开放空间技术就是将责任交还给人们自己。开放空间技术的两个典型核心问题是："你真正想要做什么？"和"你为什么不去处理它？"正如世界咖啡馆和其他许多方式，真正的艺术形式在于识别出正确的使命感问题，以便真正将人们从其自身中解放出来，并引导他们进入一个共同思考和行动的共享活动领域。

远景规划

概述

远景(Scenarios)是未来可能的或貌似可能的图景。它们由一系列会谈组成,在这些会谈中,一群人虚构和设想几个关于未来世界会变成什么样的故事。理想情况下,这些故事应是经过仔细考据且内容翔实的,可以揭示一些新的理解和惊喜。远景是挑战当前关于世界的假设的强有力工具,使用它可以消除我们自身创造和认识未来的障碍。"远景规划"(scenario planning)这个术语最初是兰德公司(RAND Corporation)在第二次世界大战期间和第二次世界大战之后创造的,是该公司战略的一部分。卡恩(Herman Kahn)离开兰德公司后,建立了赫德森研究所(Hudson Institute),进一步完善了这一方法,并撰写了一部《2000年》(*The Year 2000*)于1967年出版。自20世纪60年代后期以来,远景规划开始作为一种工具,并且有了很大的发展。远景规划最初利用"预测与控制"范式勾画关于未来的可能远景。作为远景规划的基础,这种范式在过去几年已发生很大变化，这主要归功于20世纪70年代瓦克（Pierre Wack）在壳牌（Shell）公司所做的工作。瓦克将可预测的问题与不确定的问题分开，研究这些不确定因素以及它们如何影响各种远景。

如今，远景规划支持这样一种观点，即世界在本质上是不确定的。远景不常作为预测未来的工具，而是作为一种挑战各种利益相关者关于不确定因素如何影响其共同未来的假设、价值观和心理模型的过程。通过鼓励不同水平的组织和社区使用远景规划，旧的范式遭到挑战，并且通过令人惊奇的未来可能发生的故事鼓励创新。因此，远景有助于开拓新的和有价值的知识。

> 远景制作具有强烈的参与性，否则它就失败了。
> ——施瓦茨（Peter Schwartz）

通过将有关未来的不同观点引入谈话，可以创设丰富多样的远景。远景鼓励在那些不一定会与其他人分享其观点的人中讲故事和开展对话。

准备一个远景规划过程

在着手进行一个远景过程之前，重要的是确定是否使用了正确的过程，以及这种过程在何种情况下是最有效的。一般来说，在下列几种状况下，可使用远景规划。

II 对话的工具

- 给定情境中存在难以理解的高水平复杂性。
- 需要长期(至少提前几年)关注未来以及如何应对未来。
- 外部环境对特定情境的影响具有不确定性。

根据这些具体问题,远景规划过程可作调整
■ 这个过程的目的是什么？ ■ 需要多少参与者才能发现有关未来的必要观点？ ■ 考虑远景时,外部环境的哪些部分需要重点关注？ ■ 这些外部变量的利益相关者是否有某种程度的控制力？ ■ 时间范围是什么？ ■ 在领导层面,谁支持这个过程？ ■ 谁需要为潜在后果"买单"？

- 在一段时间内,有一定资源可投入不同利益相关者之间的一系列谈话,并能广泛分配至这些远景。

如果重点和目的不明确,那么远景便不够具体且未必有用。一旦某个特定的组织或社区决定使用远景,那么以下问题有助于使结果与有关各方相关。

过程

有许多开发远景的方法。以下过程只是一个促进远景构建运动的简单例子,它考虑到了不确定性和控制这两个重要原则。南非的亦由博瑞（Chantal Illbury）和松泰尔（Clem Sunter）已经勾画出（mapped out）这个过程，用于构建一套远景以供考虑未来战略。

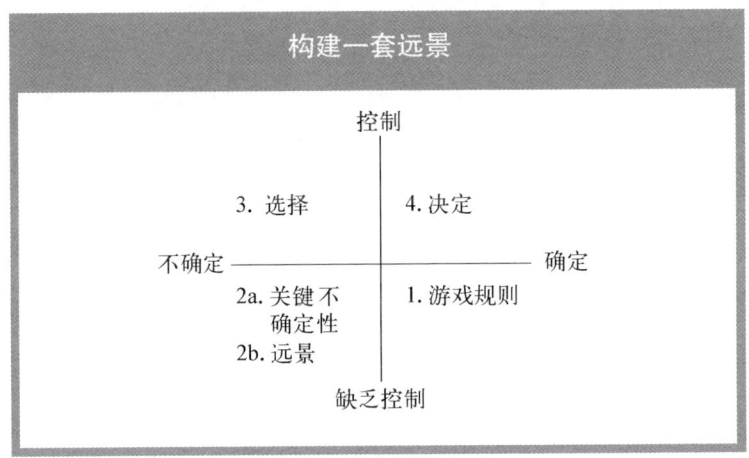

横轴表示确定与不确定的连续性，纵轴表示控制与缺乏控制的连续性。这种远景规划过程（scenario processes）的所有步骤均按顺序编号，以便通过图中强调的四个象限移动。远景本身一般基于一组不同的不确定性，这些不确定性未来会逐渐出现，而且"玩家"无法控制。远景规划过程步骤的解释如下。

1. 规则是什么

在任何给定的情境中，"游戏"规则是确定的，但未必可控。在远景规划过程中，"游戏"是被考察情境的一种隐喻。首先，区分游戏规则是书面的还是非书面的非常重要。非书面规则也可被看作"隐性"规则,而且通常是由社会建构的。通过展示这些非书面规则,我们可以更轻松更好地理解"游戏"。其次,书面规则通常是我们希望的——它们是组织追求的,但未必会在现实中执行。

2. 关键不确定因素是什么

远景规划过程的第二步是勾画关于未来的关键不确定因素。这是一个创造性较高的步骤,其中重要的是得到关于什么是不确定性的多种观点。通过按重要性和可预测性级别对关键不确定性进行映射,群体能决定开始开发远景时应详细探究哪些因素。下图有助于确定远景排序过程。

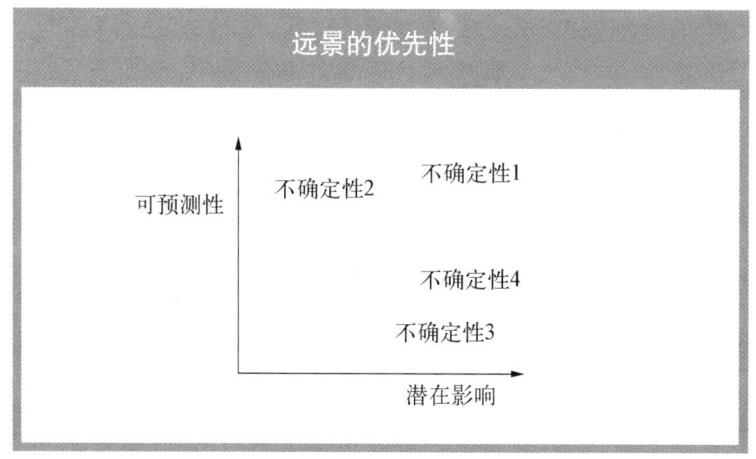

3. 开发远景

正如上文提到的，可以把远景看作未来的许多图景。这种短暂的经历能使参与者理解什么是可能的，也可以激发参与者规划其偏好远景的动机。决定偏好远景的一项有用技术是通过检验那些不确定性的可能结果来扩展关键不确定性。例如，在国家背景下，不确定因素可能是经济增长。因此，远景要探索能够揭开经济是高速增长还是低速增长的故事。为了使远景更具多维性，可以探索两个关键不确定因素（见下图）。开发远景是为了给我们带来惊喜，带给我们通常难以预期的未来可能性。这意味着，把远景建立在预测性低而影响力高的不确定因素的基础上是十

示例：构建一套远景

	经济高速增长	
"马迪巴"	"富人的天堂，穷人的地狱"	
低腐败 ——————————— 高腐败
蹒跚而行	死胡同	
	经济低速增长	

分重要的(即前文图中的不确定性 3 和不确定性 4)。上图是在两个关键不确定因素的基础上开发的一个远景示例。

4. 为未来行动确定选项

选项由远景决定。远景可被看作关键不确定因素与选择之间的桥梁——它们有助于以一种方式对一组过程进行排序,以绘制一组有关可能情况的生动而详细的图片,依靠这些图片便可设计出与每个场景匹配的选项。因此,详细记录每个远景是十分重要的,这样就可以对给定情境中的所有构成要素进行探索。这将有助于制定每个远景的行动选项。

5. 作出决定

最后一个阶段是在远景和选项的基础上作出决定。这个阶段的关键问题是:"如果某远景将在某天变成现实,那么我们今天应该做哪些准备?"亦由博瑞和松泰尔谈到凯利(George Kelly),是他把我们引向"个体建构理论"(personal construct theory)。

凯利认为,受我们的经验影响,我们基于自身对世界的理解作出决定。如果我们的经验与其他人的经验相互隔绝,我们就限制了我们的决定的质量。通过对话,远景帮助我们把不同的经验带入未来的图景中,这反过来有助于我们对未来作出更明智的决定。

应用

自 20 世纪 60 年代起,远景规划就开始得到应用。那时,远景规划大多用于公司,帮助公司制定更为明智的长期决策。从那时起,远景规划在涉及多方利益相关者的社会情境中得到了更广泛的应用。从勾画国家战略(牙买加、南非、博茨瓦纳、肯尼亚以及其他国家)到公司战略(壳牌公司、英美资源集团、英国耆卫保险公司),再到多元化社区层面,远景规划已被广泛应用于全球范围内的不同情境之中。

案例——南非蒙特弗勒的远景规划过程

卡亨(Adam Kahane)在他的《解决棘手问题》(*Solving Tough Problems*)一书中讲述了推动蒙特弗勒远景的故事。1991 年,22 位有影响力的南非重要人物为构建国家未来的远景规划过程而聚在一起。这是在曼德拉被释后不久进行的,当时南非的未来充满不确定性。与会群体包括左翼政党(非洲国家议会、泛非洲议会、工人国家联合党、南非共产党)的领导,也包括他们的对手——来自商界和学界的白人。他们都从不同视角

对话的工具

看到南非的现实。各个团体坐在一起讨论了很多天。在几个月的时间内,他们多次会面,讨论了一系列远景。他们最终决定,就他们发现的对南非而言最可靠的四个远景进行讨论。这些远景都基于一个问题:变革将如何进行,国家能否成功"起飞"?

这四个远景均基于有关鸟类的类比。首先是鸵鸟(ostrich),即白人政府"将脑袋埋在沙子里",避免任何谈判协商。然后是跛脚鸭(lame dunk),即变革时间持续太久,试图让各方都满意,但未能成功。第三是伊卡洛斯(icarus),黑人政府掌权并且实施大量公共支出政策导致经济崩溃。最后,最积极的远景是飞翔的火烈鸟(the flight of the flamingos),变革成功,南非人逐渐团结起来。该群体一致认为,飞翔的火烈鸟远景是最佳选项。这些远景被写在一份 25 页厚的报告中,然后被广泛地分发给全国的媒体和各地的研讨会。从这些多样化的约定中可以看到,蒙特弗勒远景的结果对南非经济政策具有重大影响。众多领导者和政治家在各种讨论和争辩中都提到这些远景。

该远景规划过程之所以如此成功,主要原因有以下四个。

- 正确的时机——这是南非转型之初创造新未来的机遇之

窗。有很多不确定性,也缺乏控制。

- 高层的政治认同,以及各级政府的参与。

- 过程本身建立了有意义的关系,所有与之有关的都被带入远景之中。

- 后续行动广泛——这些故事写得很详细,并通过大众媒体、电视和研讨会进行了传达。很多政治演讲和战略会议都提到这一文件。

这些远景已被证明是规划和辩论的有力工具,而且十年后还有人说起它们。蒙特弗勒远景规划过程强调促进对话对未来的影响,以及故事的力量。

评价

许多组织在越来越复杂的内部和外部环境中开展工作。当我们面对复杂的系统时,需要的关键能力之一是不仅能从一个视角或参照系进行工作,而且能从多个视角或参照系开展工作。这些远景能帮助我们同时处理多种观点和故事,并且能通过多重结构采取有意义的行动。远景规划的真正力量是将不同利益相关者带入有关未来的谈话中,创建一套图景的集体所有权,以及建立跨越差异的重要关系。

目标	意识生成	✓✓
	问题解决	✓✓
	关系建立	✓✓
	知识分享	✓✓
	创新	✓✓✓
	共有愿景	✓✓✓
	能力构建	✓
	个人发展或领导能力开发	✓✓
	冲突解决	✓
	战略或行动计划	✓✓✓
	决策	✓✓
情境	和平情境	✓✓
	冲突情境	✓
	高复杂度	✓✓✓
	低复杂度	✓
参与者与主持	小群体（<30）	✓✓
	大群体（≥30）	✓✓
	多方利益相关者	✓✓✓
	对等群体	✓
	权利的多样性	✓✓
	文化的多样性	✓✓
	特殊训练要求	✓✓

远景构建过程的结果可以通过以下两种方式发挥作用。

映射对话：社会变革的重要工具
Mapping Dialogue: Essential Tools for Social Change

第一，未来可能发生的一系列故事有助于群体、组织或社区在危机出现时及时作出应对。这对远景构建工作来说是一种更具反应性的方法，因为最终选择的远景可能不具有优先级（好或坏、渴望或不渴望），但可以简单地勾勒出各种可能的"未来"的意义。这种结果的首要目的是，在各种情境出现之前以更明智的方式对其作出反应。

第二，更积极的反应应是努力实现选择的远景，并制定策略来帮助群体朝着未来图景前进。因此，这些远景在所涉利益相关者中是有优先顺序的，最偏好的远景正是要努力实现的远景。德鲁克（Peter Drucker）曾经说过："预测未来的最好方式就是去创造未来。"正如蒙特弗勒远景的结果强调的，远景是走向更美好未来的有力途径。我们在这一阐述中运用的很多事例和过程展示了未来主义者思考的观点。

持续性对话

概述

准确而言，持续性对话（sustained dialogue）最显著的特点就是持续不断。同一群体的人在较长一段时间内连续参加会议，其

II
对话的工具

背后的基本假设是,为了解决冲突问题,我们需要越过待解决的具体问题,关注问题的根本关系。此外,改变关系是一种非线性的动态过程,它不仅需要花费时间,而且需要各参与者的承诺。这不会在某天或某个简单的工作坊中发生。持续性对话主要由美国资深外交官哈罗德·桑德斯(Harold Saunders)博士开发,他受到其长期从事的国际事务与和平进程工作的启发。持续性对话背后的关键灵感来自他作为达特茅斯会议(Dartmouth Conference)联席主席的工作经历。达特茅斯会议是美国与苏联之间的非官方、多级别的独特调停会议,始于1960年,持续了30多年。

多年来,相同的参与者在一个会议中持续开展对话,发言越来越自由,越来越有深度,并且建立了互信关系和信息分享的基础。会议议程是开放式和累积式的,既允许参与者挑选主题并得出合乎逻辑的结论,也允许提出新的主题。

1992年,达特茅斯会议地区冲突任务小组(Dartmouth Conference's Regional Conflicts Task Force)成员决定借鉴他们的经验促成塔吉克斯坦民族矛盾的和平对话。正是通过这项工作,持续性对话得到进一步阐述并概念化为当前的基本模式。

持续性对话过程产生于冲突和极端压力的情况下,它反映

映射对话：社会变革的重要工具
Mapping Dialogue: Essential Tools for Social Change

了人类关系的普遍模式，可以在不同的社区、公司、区域、国家的背景下使用。这部分内容基于哈罗德·桑德斯的文章，以及内梅罗夫（Teddy Nemeroff）提供的访谈和材料。内梅罗夫当时就职于南非民主研究所（Institute for Democracy in South Africa, IDASA），专门从事持续性对话研究。内梅罗夫的持续性对话研究工作是在一个超越国际和平构建区域的广泛背景下进行的，包括青年问题、当地政府管理，以及与高等学府合作。他在普林斯顿大学启动了持续性对话项目，该项目后来演化为美国 10 所大学的项目，专门研究学生之间的种族关系。

持续性对话由两个概念结构构成：关系的五个要素和持续性对话的五个阶段。

关系的五个要素

正如上文提到，持续性对话的焦点是影响既定问题的根本关系。鉴于这一焦点，理解关系的含义以及关系的不同方面很重要。以下五个要素或相互作用的领域构成了关系的定义。它们不断变化组合发挥作用。

■ **身份**：参与者定义他们自己的方式包括他们长期以来的生活经验。

- **利益**：人们关心的东西正是将他们聚集在一起的东西。
- **权力**：影响事件进程的能力。
- **对他人的知觉**：包括错误知觉和刻板印象。
- **交互模式**：包括尊重对行为的某些限制。

这一框架既是可分析的，也是可操作的。从这个意义上说，持续性对话的参与者通常会引入这些要素，并利用它们理解将其分开的关系的本质。有时参与者发现讨论关系很困难，但是在对话中，对参与者和主持人双方而言，这些关系都很明显。在这种情况下，这一框架提供了一个参照点。

持续性对话的五个阶段

持续性对话过程在五个阶段中被映射出来。这些阶段已得到确认，它们不是基于过程创造者认为必须发生什么，而是基于参与者在一段时间内聚在一起持续对话时所观察到的作为一种自然进化所发生的事情。而且，需要指出的是，这些阶段只是一种对设想的描述而不是一个配方。一般而言，参与者会在这些阶段之间来回移动，并不会严格地遵循这几个阶段。此外，尽管持续性对话过程为参与者和主持人提供了一个方向，但主持人不会推动他们完成，这个过程是开放式的。

> 我将作为一名白人学生去讨论与黑人学生交往是一件多么令人不舒服的事情。黑人学生可能会讲述白人学生如何对待他们的故事。在第三阶段,有人可能会说:"我们的经历或许是相似的。""在我的故事中,我的感觉就像你故事中的白人一样。"这就是我们相互了解的地方。
>
> ——内梅罗夫

阶段一:决定参与。

首先,一群参与者需要聚集在一起。持续性对话的最佳规模是 8—12 人。他们最好是受人尊敬的社区领导人(但不必有官方背景),反映主题、冲突或社区的关键观点,也愿意在一个持续的过程中聚在一起相互倾听。尽管持续性对话旨在改变关系,但一般情况下,参与者会聚集在一起,因为他们受到某一具体问题的驱动和关注。他们不必在一开始就把关系看作问题的核心。

找一群适合的参与者是一个困难而漫长的过程。让他们投入时间、接受该过程的价值观,或者让具有不正常关系的人愿意相互交流,都很困难。他们参与对话的动机主要取决于他们是不是合适的人选,是否有强烈的愿望去解决问题,是否意识到自身在解决问题上的共同利益和相互依赖性,以及召集者是否成功传达了对话过程的价值。

参与者一旦确定,阶段一也是他们共同商定目的、范围和基本规则的时间。有时,参与者甚至会共同签署一份"契约"。

阶段二:映射关系和命名问题。

这通常是对话实际开始的地方。阶段二首先是命名问题的过程——讲述个人经历、发泄不满、卸下或"倾倒"所有的顾虑、释放不快以及消除误会。到了此阶段的后半部分,参与者将会以一种更为结构化的方式来映射问题和相关根本关系,他们还将在深入探索中找出一些他们想要关注的重要问题。

阶段三:探究问题和关系。

在阶段二的末尾和阶段三的初始,对话的特点改变了。"我"变成"我们","是什么"变成"为什么"。参与者从"向"其他人说转变成"与"其他人说。群体正在寻找模式和解释,建立联系,开发观念。在此阶段,群体更具解释性和分析性,探究引起问题的根本关系的动态性,并确定广泛可行的方法以改变这些关系。这一群体正专注于系统中更窄或更深的问题或系统拐点(leverage points),并牢记与阶段二中映射的其他问题的联结。他们正在获得驱使他们选择行动的洞察力。他们也在逐渐接近个人和集体拥有的实施改变的意愿，以及逐渐获得方向感。

阶段四：远景的建构。

此前，群体主要关注问题，但现在他们进入了一个积极的问题解决空间。为了改变令人烦恼的关系并克服一些障碍，他们商定需要采取的实际手段。如果对话与政治层面的问题有关，他们就会建议在政治领域采用一些手段，而这些手段可能与对话群体以外的有影响力的人采取的行动有关。如果对话处于地方或组织的层面上，那么对话群体可能会更注重设计自己的直接行动。这些行动可能是集体或个人的。

描述持续性对话这一阶段使用的"远景"一词，与之前描述远景规划中使用的"远景"相当不同。在此阶段，持续性对话的主持人可以选择做一个实际的远景规划过程，但是该阶段的实质是在广泛意义上来界定"远景"，简单勾画行动选项和可能的前进方式。

阶段五：共同行动。

在阶段五，转变是从交谈转向行动，以及先前内在导向的焦点被转向外部。参与者现在既要解决如何将其建议交到可以执行这些建议的人手中的问题，也要制定出亲自执行必要行动的策略。这种行动的本质在很大程度上依赖于对话主体、成员影响力水平、相关风险水平，以及行动发生的具体背景。这既可以是持续性对话过程的结果，也可以是解决一个之前提出的新问题的开始。

前文已述，这五个阶段不是线性的，但即便是在非线性中也有一些固定模式：阶段三是否真正有效取决于群体是否通过阶段二，所以一般而言，不会发生群体从阶段一直接跳到阶段三的情况。群体可能会在阶段二和阶段三之间来回摆动，然后在准备好的时候跳到阶段四。

在阶段三到阶段五，使用持续性对话的外交或政治层面的工作与更偏社区或青少年层面的工作之间的差异尤其明显。这些阶段在不同进程中的表现方式多种多样，持续性对话采取了健康开放的方式来应对这种多样性。当某一群体通过了这五个阶段，他们通常会逐渐掌控(take ownership of)此对话过程，而且有时会完全自己管理这个过程。由主持人引导他们通过这些阶段很重要。主持人既了解群体的需求，也能识别这五个阶段，在不过早地将群体推到新阶段的情况下，帮助群体实现转变。在从一个对

映射对话：社会变革的重要工具
Mapping Dialogue: Essential Tools for Social Change

话转向另一个对话时，主持风格和主持人的介入程度大不相同。有时，主持人根本不需要说些什么。其他时候，主持人可能会以一种更具工作坊风格的形式更直接地干预群体的行动。这取决于对话群体的特点，以及在任一既定时刻出现的关系元素。

应用

持续性对话正在不同类型的环境中应用。哈尔·桑德斯（Hal Saunders）和凯特林研究所（Kettering Institute）关注的是持续性对话在政治或社会层面解决冲突的有效性。此外，除了在塔吉克斯坦的广泛工作，他们还将持续性对话应用于阿塞拜疆、亚美尼亚、纳戈尔诺—卡拉巴赫和其他地方。正如上面提到的，内梅罗夫在普林斯顿大学的工作成果已应用到美国的 10 所大学校园中，主要关注改善种族关系的问题。下面的案例来自内梅罗夫在南非和津巴布韦的南非民主研究所的工作。

案例——津巴布韦南非民主研究所的青少年计划

在津巴布韦危机不断加深的时期，青少年是一个极为弱势的群体。他们感染艾滋病的风险增加，经受着经济崩溃和高失业率。这些因素导致青少年群体被各政党利用。2004 年 5 月至 2005 年 12 月，南非民主研究所支持了持续性对话行动，与志愿服务组织协调委员会（Organizations for Voluntary Service，COSV）及其津巴布韦伙伴阿曼尼信托（Amani Trust）合作，增强津巴布韦青少年的力量。这个项目旨在减少对青少年的政治剥削，通过建立关系、深入理解他们关心的问题以及采取行动改善他们的生活，提高他们自力更生的能力。该项目吸引了来自各社会经济和政治阶层的120名哈拉雷青少年领袖参加。

津巴布韦组织间的合作最初是作为媒体和宣传运动而形成的，动员了14个津巴布韦的非政府组织参与。但随着这种合作成为越来越具风险的政治运动，他们决定尝试运用持续性对话。这种转变极大地改变了该项目的规模，现在只达到120人而不是预期的1 000人。但是，影响的深度取代了影响的广度。该项目与青少年领袖进行战略性合作，这些青少年领袖随后可以在社区起到积极的作用，而且这种影响更容易被监控。同时，青少年可以定义他们自己想要关注的问题，主要是失业和艾滋病问题，而不是接收已被集中定义后传播给他们的信息。

8个由15名成员组成的青少年对话小组同时在津巴布韦首都哈拉雷组建。每个群体都有一个青年人和一个非政府组织的社会活动家作为共同主持人，他们都接受过南非民主研究所

映射对话：社会变革的重要工具
Mapping Dialogue: Essential Tools for Social Change

组织的持续性对话培训。这些主持人为参与者举行了介绍会。在会中，参与者的期望达成一致，并选定了讨论的主题。这些群体开展了两天一夜的研讨会，之后开始在各自社区的会场举行每个月半天的会议。鉴于政治形势以及艾滋病问题的敏感性，各个群体最初都很谨慎，但是随着过程的推进和信任的增加，他们开始变得开放并分享自己的观点。

津巴布韦的政治环境和事件使该项目难以运作，青少年也很难到达会议地点。尽管面临这些挑战，该项目依然取得了显著成果。它成功地开辟出一块空间，供青少年一起讨论和思考他们遇到的挑战。半数群体设法吸收来自不同政治群体的青少年，所有群体都试图让群体包含不同利益和背景的人。参与者获得了有关问题的知识，提升了自主感，巩固了人际关系，增强了对话和冲突管理的技巧。这促成了社区青少年领袖的增多，社区冲突和青少年暴力的减少，并促生了应对社区挑战的规划。

评价

根据内梅罗夫的理论，有两个问题需要解决。第一个问题：对话和改善关系是否有助于这种情境，这种帮助是否值得为此付出的努力？召开和维持一个持续性对话需要做很多工作。第二个问题：时机是否正确，这将如何与环境互动，以及外部世界将会发生什么？是否会与其他尝试解决问题的过程产生冲突？持续性对话在关系失调、缺乏信任、官方过程不起作用的情况下是最有用的，因为这些问题在协商环境中不容易得到解决。持续性对话并不是辩论或正式代表进行官方协商的地方。它也不是一个纯粹的人际交往过程或一种技能训练。当然，它更不是一种快速解决方案。持续性对话的力量在于其灵活性和简易性。开放性允许群体去他们需要去的地方，而且重要的是，不仅要探索期待中的影响，而且要探寻意料之外的积极结果。

目标	意识生成	✓✓✓
	问题解决	✓✓
	关系建立	✓✓✓
	知识分享	✓✓✓
	创新	✓
	共有愿景	✓✓
	能力构建	✓
	个人发展或领导能力开发	✓✓
	冲突解决	✓✓
	战略或行动计划	✓✓
	决策	✓

续表

情境	和平情境	✓
	冲突情境	✓✓
	高复杂度	✓✓
	低复杂度	✓
参与者与主持	小群体（<30）	✓✓✓
	大群体（≥30）	✓
	多方利益相关者	✓✓
	对等群体	✓✓
	权利的多样性	✓✓
	文化的多样性	✓✓
	特殊训练要求	✓✓

持续性对话面临的主要挑战在于，它不是一个拥有循序渐进的指导的现成方法论。持续性对话的两个框架——关系的五个要素和持续性对话的五个阶段——提供了基本但非常有用的方向感和参考点。这意味着，持续性对话过程在很大程度上依赖主持人的直觉、个人技能、态度、能力，以及对语境的理解。主持人需要能应对各种情况，同时利用群体中各种可能的互动方式。持续性对话除性质随时间推移而持续外，另一个让我们印象深刻的方面是，第二阶段的性质以及向第三阶段的转变使它与本部分中其他大多数方法区别开来。对我们来说，发泄的作

用似乎在很多情况下都被低估了。参与者从发泄中得到释放，当他们把心中的怨气全部发泄完时，事情就会向好的方面转化，这是一种具有高生成能力的方法。

世界咖啡馆

概述

世界咖啡馆（world café）是一种围绕关切问题创设逼真谈话网络的意向性方法。它是一种可以使人们（12—1200人）在一起思考、策划创造新想法、分享意义和集体洞察力的方法论。尽管人们以与世界咖啡馆有相同精神的方式进行聚会已有数百年，但这种实际方法论是由朱厄妮塔·布朗（Juanita Brown）和戴维·伊萨克斯（David Isaacs）在1995年"发现"和形成的。从那时起，世界范围内成千上万的人都在用世界咖啡馆的方法来开会交流。

世界咖啡馆的主持人在字面上运用了咖啡馆隐喻。房间的布置就像一个咖啡馆，为了深度参与和高质量会谈，人们分成四人小组，分坐在不同的桌子旁边。当围绕他们某些关切问题的系列谈话部分结束之后，他们会被引向新的桌边。伴随着每一

映射对话：社会变革的重要工具
Mapping Dialogue: Essential Tools for Social Change

次移动，该桌的主持人留在后面分享他主持的那桌人的谈话精髓。其他人进入房间，与其他桌人讨论的内容建立联结，通过这种方式使谈话形成网络，实现交叉对话。咖啡馆模式具有组织和进一步建构洞察力、新想法或新问题的能力，能使集体智慧在群体内不断演化。

世界咖啡馆建立在我们需要的知识和智慧存在且可获得这一核心假设的基础之上。使用世界咖啡馆可以使群体的集体智慧远远大于个体智慧的总和，并引导其向积极的方向发展。乌特奥夫（Finn Voldtofte）是早期世界咖啡馆的先驱之一，他实际上把咖啡馆看作某一系统或组织中的变革力量单元，它们吸引、鼓励和联结系统的不同部分。

正如米德（Margaret Mead）曾说："不要怀疑，一小群有决心的人可以改变世界。这是唯一不变的事情。"

创造"咖啡馆魔力"的四个条件

当参与者从一个对话转移到另一个对话，演变出新的主题或深化对问题的认识时，这些已经参与到一个真正有能量又有效率的世界咖啡馆的人们，谈到对话和交流中产生了"魔力"。通过世界咖啡馆实践者的工作，已识别出能产生"咖啡馆魔力"

II 对话的工具

的四个条件。

1. 一个要讨论的问题。识别令人信服的问题是一种艺术形式。一个群体要讨论的问题需要与每个人存在联系。他们需要对此问题及其答案给予真正的投入。好问题能让人产生不同的思考,发人深省,激发创造力。一个好问题是把球放在参赛者的场地上——向他们表示他们对整体是必要的、有价值的贡献者。

2. 一个安全友好的空间。会议场所通常是没有吸引力的。在此,咖啡馆隐喻充分发挥作用,用关怀营造出一种诱人而温暖的环境。这种环境通常包括咖啡桌、桌布、鲜花、蜡烛。当人们走进世界咖啡馆,马上就意识到这不仅仅是一场正式会议。除了物理环境,世界咖啡馆还创造了一个真正安全的空间,人们在这里感到非常舒适,可以舒畅地说出他们的想法和感受。例如,如果来自同一组织的群体参与到世界咖啡馆中,那么关怀将会使他们了解到,与同事或上级意见相悖并不会受到惩罚。

3. 互相倾听。这一条件强调倾听而不是交谈的重要性。这与我们需要的知识和智慧已存在的基本假设相关。只有我们尊重并鼓励每个人的独特贡献时,集体智慧才会出现。惠特利

(Margaret Wheatley)曾经说过,智慧作为一个系统以新的和多样的方式与自身相连而出现。当每个人说出自己的观点时,他们便对集体日益增长的智慧和洞察力作出贡献,而且通常会以一种令人惊讶的方式。

4. 一种探究精神。在世界咖啡馆中,探究精神十分重要。这意味着人们真正聚在一起进行探究。他们分享自己对给定问题的理解、想法和感受,但是他们想超越这些,一起去探寻新的看法、不同的观点和更深刻的问题。我们总是可以学到更多的知识。培养探究精神和对未知事物的好奇心,将有助于克服对新思想或异见的抵制。

世界咖啡馆主页建议,邀请参与者以最佳方式参与世界咖啡馆的一个简单方法是与他们分享以下"咖啡馆礼仪"

- 关注要讨论的问题。
- 贡献你的思想和经验。
- 心口如一。
- 要听明白。
- 把不同观点相互联系起来。
- 一起倾听更深刻的主题、观点和问题。
- 鼓励在桌布上玩耍、涂鸦、写字!

II
对话的工具

以下这些指导原则与四个条件直接相关,有助于主持人创设这些条件。

- 明确目的:在召集世界咖啡馆之前,要明确举办世界咖啡馆的目的。明确目的是必要的,它能决定谁应该留在这里,能决定讨论的问题和设计的精细细节。

- 创建友好空间。

- 探索关切的问题:不要低估成功识别好问题所需的谨慎。

- 鼓励每个人的贡献。

- 把不同的个体和想法联系在一起:世界咖啡馆的一个与众不同的特点是,让个体有机会在不同桌子之间移动、认识新朋友、积极贡献自己的想法,以及将发现联系起来。把你的咖啡馆设计成能最大程度地进行交叉对话,而不要让每轮交流的时间过短。

- 倾听洞见和分享发现:鼓励每个小组花费一些时间进行反思,强调我们交谈的中心是什么。几轮咖啡馆对话之后,进行整个群体的对话将有助于共同探索已提出的主题和问题。

应用

世界咖啡馆网站以及 2005 年出版的有关世界咖啡馆的新

映射对话：社会变革的重要工具
Mapping Dialogue: Essential Tools for Social Change

书介绍了许多关于这种方法如何在不同的文化背景、部门、社会阶层和代际中使用的故事。根据网站介绍，当你具有以下目标时，世界咖啡馆是最有价值的。

- 提出建议，分享知识，激发创新思维，探索有关现实生活事务和问题的行动的可行性。
- 以真诚的交谈吸引人——无论是第一次相见，还是建立了固定的关系。
- 深入探索重大战略或机遇。
- 深化现有群体的关系和结果的相互所有权。
- 在说话者和观众之间创建有意义的互动。
- 在真诚的对话过程中组建人数超过 12 人（不超过 1 200 人）的群体。

若已有一个预定的结果，想要单向传达信息，或某个小组已在制定详细的实施计划，世界咖啡馆就没那么有用了。

案例——从毛利林业声明到挪威城镇规划

世界咖啡馆是简单而有效的工具，已应用于许多不同的情境。为了说明世界咖啡馆使用的广泛性，我们列举三个例子。这些案例选自世界咖啡馆的官方网站。

II
对话的工具

■ 在新西兰，一个组织使用世界咖啡馆举行了一场集会，以增进不同毛利人群体的知识、网络联系和协调一致，这些群体都声称要从司法部收回森林。令人难以置信的是，世界咖啡馆非正式而温暖的氛围与土著毛利人的传统方式非常契合。

有关索要过程的专家参与进来提出有价值的观点和看法，索要群体和其他群体始终坐在一起开展对话。这场世界咖啡馆的目的在于，推进毛利条约的主张，过程是听取不同的观点，与那些了解更多的人建立网络关系，以及考虑下一步的行动。前3天，咖啡馆看起来像是在新西兰其他地区引发其他的咖啡馆，以期最终建立新西兰毛利人和非毛利人之间的伙伴关系。

■ 世界咖啡馆也证明了自己在挪威城镇规划中是一种有用的工具。奥斯陆郊区的文化部门利用世界咖啡馆让参与文化活动的公民参与到未来文化活动的计划中。人们在城镇会议上往往相当被动，所以引入世界咖啡馆作为全面吸引参与者的方式。世界咖啡馆以每个人都必须参加的简单活动拉开序幕：参与者必须画一张简画来表达他们想从社区文化中获得什么。从这里开始，他们开始分享自己的想法，在桌布上写下评论、看法和问题。他们在小组间进进出出，收集新想法或解决方案以进行详细说明。每张桌子都有文化部门的工作人员，他们帮助收集主要观点，这些观点随后会运用在正式的文化规划中。世界咖啡馆的环境和结构意味着，每个人都深入参与到对城镇未来文化事务、挑战和可能性的共同思考之中。他们分享了可以运用到多个部门的想法。群体中非正式关系和整体感的创建是世界咖啡馆的重要附加值。在会议结束时，组织者主要学到的是，找到激发相关人员的活力和承诺的方法比制定一纸正式计划重要得多。

■ 第三个例子是财务规划协会——美国财务规划协会的会员单位。两个独立群体在合并后一直使用世界咖啡馆作为构建其新组织的方式。第一年，他们举办了大约15次咖啡馆讨论，根据描述可分为以下三类。

会员咖啡馆主要针对会员，他们大多关注的是将会员聚在一起建立网络。提出的问题较广泛，并且仅旨在共同引发令人兴奋的激烈讨论和新看法。

事件驱动咖啡馆是作为协会不同支持者现有活动的一部分而整合的咖啡馆。这就可以使人们参与到技术性的具体谈话中，在此过程中相互学习。大多数这类咖啡馆的目标是个性化的，以及参与者自己记下的公司业务笔记。

目的驱动咖啡馆是为非常具体的目的和某种预期的结果召开的，例如，就重大决策达成共识或规划特定的工作组活动。

评价

世界咖啡馆是一种有力的工具，通过有意义的问题与诱人的安全空间激发和吸引大量人群。将不同观点和想法收集起来结合在一起的过程可以让一个群体感到他们的集体智慧和才智大于个人的总和。世界咖啡馆既可以在短短一小时内运用，也可以在几天的集会中运用。作为一种独立的工具，世界咖啡馆在解放可能性方面比汇集计划和决定方面更强。所以，如果它是长时间集会的一部分，通常会与其他方法结合运用。例如，通过世界咖啡馆产生各种思想分歧和观点后，可以接续开放空间技术过程，在其中，参与者必须介入并对具体领域或问题负责。同时，世界咖啡馆还可以与任务驱动、委员会或开放空间群体一样，提供一种更有效的替代方案，以更正式的方式进行小组报告。与其让每个小组站在全体成员面前就挂图发言，不如创设一个咖啡馆，让不同小组的人在不同桌子间移动，捕捉关键的见解。

映射对话：社会变革的重要工具
Mapping Dialogue: Essential Tools for Social Change

目标	意识生成	✓✓
	问题解决	✓✓✓
	关系建立	✓✓✓
	知识分享	✓✓✓
	创新	✓✓
	共有愿景	✓✓
	能力构建	✓✓
	个人发展或领导能力开发	✓✓
	冲突解决	✓
	战略或行动计划	✓
	决策	✓
情境	和平情境	✓✓
	冲突情境	✓✓
	高复杂度	✓✓
	低复杂度	✓✓
参与者与主持	小群体(<30)	✓✓
	大群体(≥30)	✓✓✓
	多方利益相关者	✓✓
	对等群体	✓✓
	权利的多样性	✓✓✓
	文化的多样性	✓✓✓
	特殊训练要求	✓

世界咖啡馆对均衡权力而言是极好的，因为人们坐在不同

II
对话的工具

群体的小桌子周围。首席执行官（CEO）和实习生、联合国官员和街边小孩都有可能坐在一起，桌子不大因而每个人都必须参与。有时就哪些人需要坐在一起作出一些说明，或在桌子上放置标志来标明不同的参与者类型是很重要的，他们因此可以从容不迫地坐在一起。当正在筹划的世界咖啡馆的参与者以权利多样性为特征时，重要的是确定他们知道他们参与的是什么，否则可能会受到高权利级别群体的抵制。一个有经验的主持人知道如何将这种紧张气氛融入群体的学习之中。对一个成功的世界咖啡馆来说，有意义的问题是绝对必要的。但是，对组织者来说重要的问题可能不会引起参与者的关注。如果世界咖啡馆过程的设计者不确定哪些问题会点燃某一群体的激情，他可以先简单地提出一个能引发更深刻问题的初始问题，例如，回答什么问题会对我们正在探究的未来产生最大影响？

附加工具

对话方法论的适用范围似乎是无限的。除了我们前面深入介绍的十种工具，我们也在无意中通过经验和研究发现了很多其他方法。在这部分，我们将简要介绍另外一些工

映射对话：社会变革的重要工具
Mapping Dialogue: Essential Tools for Social Change

具——它们完全值得如此。

> 所有问题的根源是什么？依我说，问题的根源主要存在于思想之中。很多人可能会认为这种观点过于疯狂，因为思想是我们用来解决问题的唯一东西。这是我们传统的一部分。然而，我们用以解决问题的东西看起来似乎正是我们问题的根源。就像去看医生，让他使你生病一样。事实上，确实有20%的医疗案例是这种情况，但是在思想案例中远远超过20%。
>
> ——伯姆

伯姆对话

著名量子物理学家伯姆（David Bohm，1917—1992）对理论物理学作出了很多重大贡献，尤其是在量子力学和相对论领域。同时，伯姆也是对话理论和对话方法领域内被引用最多的人之一。物理与对话的联系起初并不明确。然而，伯姆对物理的理解与他对现实本质、思想本质、对话意义以及它们之间联系的理解是深度一致的。纵观伯姆的一生，他在政治学和哲学领域表现活跃，印度哲学家克里希纳穆尔蒂（J.Krishnamurti）对他影响重大。

在这部分，我们之所以加入伯姆的对话方法是因为其本身就是一个独特方法。但重要的是，我们要认识到，伯姆对话

II 对话的工具

(Bohmian dialogue)远不只是一种方法,它是一种哲学和世界观,在此,我们只能进行简要介绍。伯姆认为,思想塑造了我们的现实,对话转而塑造了我们的思想和思想过程。他过去经常强调,"dialogue"(对话)一词来自词根"*dia*"(通过)和"*logos*"(意义),所以对他而言,"对话"这个词的含义就是"意义流经我们"。他把对话看作人们直接面对面邂逅的一种过程,通过这种方式,人们可以加入一个共同意义库——一种"共享思想"或"集体智慧"。这不是一个人试图说服其他人相信他或她的想法的过程,而是参与者参与创造共同理解的过程。对他来说,思想是一个宏观的过程,把它拆解为"你的思想"和"我的思想"没有意义。

> 对话的真正目的是进入整个思想过程并改变思想过程集体发生的方式。我们并没有真正注意到作为一种过程的思想。我们一直在思考,但是我们只注意到思想的内容,而没有注意思想的过程。
>
> ——伯姆

伯姆观察了很多全球性危机,他把这种破碎的模式归因于生活、交流和社会。伯姆定义了沟通不畅和关系破裂,认为最主要的问题是思想不连贯,无法看到我们自己的思想是如何表现

映射对话：社会变革的重要工具
Mapping Dialogue: Essential Tools for Social Change

的，以及思想过程产生的问题比它解决的问题更多。他的对话方法的重要意图是理解人的意识，探索日常的关系和沟通，克服分裂。

在伯姆对话中，15—40人围成一圈。对对话的深度和亲密度而言，群体规模只能指定为这个数字而不能太大，但大小也需足够使亚文化形成并得以显现。一般来说，在一段时间内定期会面且不止一次，每次2小时。

伯姆对话没有预设的日程表。这背后的设想是，日程表缺位可以使思想自由而无约束地流动。群体自己决定什么时候见面、讨论什么以及如何推进。在此需要重点强调的是，对话没有目标或预设结果，并不意味着没有理由。当群体经历一段时间的对话过程后，更深层次的含义就会显现。对话促使连贯性增强，创造力提升，友谊加深。

这种间接探究的过程通常会导致挫折和不适。我们鼓励各个群体克服焦虑，让焦虑创造性地把他们吸引到新的领域。尽管情感并不是焦点，却被认为是有用的。如果群体不打算移除挫折、混乱和情感，那么它们都有助于意义的创生。亚文化之间的摩擦可以使参与者展现其假设——理解他们自己和其他人的思想。

II
对话的工具

伯姆对话的最重要的操作是悬置。在此过程中,参与者试图悬置他们的假设、判断、反应、冲动、感情。悬置与压抑不同,悬置意味着要加入它们,关注它们,观察它们,而不判断它们是对还是错。你的思想、身体感受和感情都暴露出来,以至于你自己和其他人都可以看到它们。群体成为你的镜子,反映出思想的内容和基本结构。倾听者反映出他们发现的对话内容背后的假设。当思想过程得到观察时,它便发生了改变。

主持人在伯姆对话的开始阶段十分有用,他可以带领群体顺利完成对话过程。主持人通常以讨论对话和解释单词意义,以及介绍这一特殊方法的原则和实践为开始。主持人不应被看作一个中立的外人,而应被看作群体中的一个参与者。一旦群体已建立一种对话实践,主持人最好尽快脱离工作。伯姆对话与我们的常规运作方式明显不同。一般情况下,我们关注我们的思想内容——我们的想法、意见、问题、见解——而不关注它们形成的过程。我们总会发现很难放下我们的判断和意见,因为我们已深深地认同它们,而且坚持并捍卫它们。如果我们把思想当作一个流经我们并围绕我们的更大系统,那么我们可以后退一步,看到发生在每个人身上的事情如何反映一个对话群体,以及对话群体中发生的事情如何反映更大的社会。

公民委员会

公民委员会(citizen councils)是一种民主实验。其目的在于定义一个社区、城市或国家的人作为一个整体真正想要什么,如果它们在对话中被仔细思考并得到互相讨论。

公民委员会有多种形式,在"公民委员会"这一标题下,我们对这些形式进行了大致归类,它们包括公民共识委员会、公民审议委员会、智慧委员会、公民陪审团、共识会议、公民集会和小区规划(planning cells)。它们在参与者人数、选举过程、委任、会面时间及频率、暂时的还是永久的、专业水平、媒体是否参与等方面存在差异。

公民委员会的一般思路是召集一小群公民(通常为12—24人)组成其社区或社会的"缩影"。他们不是政治意义上的选民代表,他们作为个体的公民为自己发声,但是他们体现其广泛群体的不同观点和能力。由于这种构成方式,他们作出的决定有可能类似于更广泛的群体作出的决定,如果后者能在更大的范围参与类似的对话。当对话展开时,如果对话过程对广泛群体而言是可见的,那么具有启发性的类似性质的对话就有可能在更加广阔的领域非正式地发生。

公民委员会的成员面对面地聚集在一起开展促进性对话或审议一个或多个他们所处群体关切的议题。对话方法必须能使不同成员相互倾听，打开心扉，增进理解，共同寻找创造性解决方案。对话可以持续几天或更长时间。它通常会发布一份面向更广泛群体和当局的最终声明。为了达成这种协议，参与者必须去探索他们的多样性，深入到共同之处，相互帮助以窥全景。

实践社区

虽然并不总是被明确地命名，但实践社区（communities of practice）是我们日常生活的一部分。实践社区是一种有助于知识分享、学习和改变的组织形式。一般情况下，它是由聚在一起共享某一特定实践领域知识的人们组成的自组织群体。

在世界范围内的企业、政府和公民社会背景中，识别和培养实践社区的过程正变得越来越普遍。这种发展是对日益增长的复杂性和向知识社会转型的一种反映。这里的假设是，知识不再能被打包、外部化、存入数据库并随着时间流逝始终保持价值。我们需要利用生活知识、缄默知识和情境知识，它们主要存在于人群之中，而且无法强制征用，只能依靠主动提供。设计实

映射对话：社会变革的重要工具
Mapping Dialogue: Essential Tools for Social Change

践社区旨在以"拉"（pull）为基础来主动传递知识（当某一特定的问题或情境需要时），而不是以"推"（push）为基础传递知识（由专家决定其他人需要知道什么，并以单向沟通的方式将知识呈现给他们）。

这个过程要求强有力的信任关系，因为它依靠"知道是谁"（know-who）来传递"知道怎么做"（know-how）。实践社区运用了一系列不同的对话工具，以便建立这些关系并促进其成员之间的学习。

这种组织形式的一个悖论是，如果管理过度，它往往会失败，但它又确实需要培养才能持续。它需要得到支持，但想要成功，就必须留下自己的边界和身份。毕竟，很多关系在很大程度上是由化学作用和长期建立的信任决定的。

深层生态学

深层生态学（deep ecology）既是一种哲学也是一种运动。这个术语由挪威哲学家纳斯（Arne Naess）提出，与那种纯粹由人类利益驱动的环境主义形成了鲜明对比。深层生态学哲学是以这种假设为前提的，即地球上非人类生命所具有的内在价值超越了它对人类用途的有用性，并且当前人类对非人类生命世

II
对话的工具

界的干预水平过高。这种哲学观点激发了一系列经验和对话实践，它们主要由锡德(John Seed)和梅西(Joanna Macy)开发，旨在帮助"解构"几个世纪以来将人类利益置于所有其他利益之上的人们。梅西称这种工作为"重新联结工作"（work that reconnects）。

重新联结工作的目的是帮助人们感受彼此之间的内在联系和生命网络，激励他们在创造持续文明的过程中发挥作用。参与者体验和分享他们内心深处对世界现状的反应，将他们对世界的痛苦重新定义为他们相互联系的证据，并建立相互支持与合作的关系。他们还可以获得有助于其看到自己拥有的参与改善世界的力量的概念、练习和方法。

这种工作主要起源于20世纪70年代的北美，当时成千上万的人聚集在那里——反对使用核武器者与环保活动家、心理学家、艺术家和修行人士。其中最著名的一场运动叫作"众生大会"(The Council of All Beings)。这场会议的参与者扮演不同生命的角色，从这些生物的角度参与对话，讨论它们的世界正在发生什么。

深层生态学确实是一种与众不同的世界观。我们将其放在此处是因为，它挑战和扩展了我们有关对话可能是什么的观念。它将与非人类世界的对话，以及与过去和未来的对话囊括其中。我们也发现，深层生态学提供的结构化练习可以使参与者离开他们的舒适区进入一个开放的状态，在此状态下可产生进一步的对话。梅西和布朗在《起死回生：重新联结我们生命和世界的实践》(Coming Back to Life: Practices to Reconnect our Lives, Our World)中提供了重新联结工作背后的最新理论阐述，包括60次练习活动，既有新的也有旧的，指导人们设计和改善工作坊。

动态促进和选择创建

一个群体试图解决某个问题时具有的最令人激动和振奋的经历可能就是遇到一个之前从未考虑过的新选择。这种选择是能创造协同作用的东西，可能是之前对抗性的提议或被否决的东西，或是以某种方式使之前关切的事物变得不相关的东西。这正是动态促进（dynamic facilitation）试图通过构建一个被称为"选择创建"（choice-creation）的空间所要实现的。

选择创建将对话的开放性和变革性方法与试图对具体问题作出具体结论的审议性方法结合起来。主持人扮演着积极的角色,他可以帮助参与者确定他们真正关心的问题,并使他们更加开放、清楚、郑重地说出自己内心的想法。在这一过程中,主持人同时使用四个挂图——解决方案列表、问题列表、数据列表和关切事件列表。当群体得出结论时,还会增加一个决策列表。主持人始终关注对话的自然动态走向和自发性变化,而不是试图管理日程表。

动态促进由拉夫(Jim Rough)于20世纪80年代早期开发。根据拉夫的观点,动态促进在以下情境中尤其有价值:当人们面对重要的、复杂的、战略性的或者看上去不可能解决的问题时;当存在冲突时;当人们寻求建立团队或社区时。

焦点群体

焦点群体(focus groups)主要用于质化学术研究和市场调研领域。它们通常是由6—12人组成的一个相对较小的群体。焦点群体在研究或项目的探索阶段形成,借助谈话的结论帮助开发量化研究中使用的问卷和调查工具。与调查相比,焦点群体的优势在于参与者有机会互动、进行头脑风暴和对彼此的评论作出反馈。这有助于从参与者那里获得更多经过深思熟虑的答案,也为新思想的产生创造了可能性,并且提供了有关群体关系和动态的信息。最为重要的是，焦点群体有助于回答"为什么"的问题，而调查主要回答"是什么"的问题。

当一个组织想开展一个新项目却不知道社区将会有何反应时，焦点群体尤为有用（参见问题箱）。这通常更像是一个协商过程，而不是将实际参与项目实施的利益相关者的会议。焦点群体可以但不一定是对话式的。圈子和世界咖啡馆之类的其他工具可以被创造性地运用于焦点群体会议之中。

焦点群体的社区相关问题

- 对社区有什么影响？
- 他们最关切的是什么？
- 可能阻碍该项目成功的障碍物是什么？
- 可能有助于项目成功的力量是什么？
- 人们的偏好背后的原因是什么？

图形促进

一幅画胜过千言万语。图形辅助工具擅长将人们在对话过程中所说的内容可视化。存在图形辅助工具时，在对话过程的开始阶段，一面墙上会贴着白纸。当工作坊结束时，那张纸将生动地运用文字、思维导图、符号和图像向我们描述整个对话过程。

丰富的图片将以简单概括的方式捕捉讨论和会议的复杂内容。

信息设计师将听取人们在对话过程中所说的内容，并将其转化成图表、表格和模型。他们始终以不同的方式向参与者反馈自己的知识，以便他们作出反应。

图形促进（graphic facilitation）本身不必是一种对话过程，但在高质量的成功对话过程中，它是一个可以发挥主要作用的重要工具。它有助于使某一群体更加了解自己和对话中出现的模式。

学习之旅

学习之旅（learning journeys）旨在让人们从书桌后走出来，离开舒适区、会议室和宾馆。它是从一个地方到另一个地方的身体之旅，目的是直接探索和体验世界。这些都是心灵之旅，挑战参与者关于当前现实和可能性的先入为主的观点与假设。正如大多数附加工具提到的，它们只是极广义上的对话方法——有关与现实的对话。然而，真正的学习之旅与典型的"实地考察"或"游学"之间的关键区别在于，它是通过引入的对话方法而产生的。

> 在书桌上看世界是危险的。
> ——卡雷（John le Carré）

映射对话：社会变革的重要工具
Mapping Dialogue: Essential Tools for Social Change

学习之旅必须经过精心策划。选择一个组织、社区或群体，澄清你自己的意图和问题，培训如何最好地"悬置判断"——所有这些步骤都是学习的一部分。在一次学习之旅中，学习小组被邀请以小组形式与当地利益相关者进行共情对话，以使后者了解他们的现状。他们不仅在用开放的心态倾听，而且在以开放的心灵和意愿倾听。在一次参观之后，他们倾听彼此的观点，通过交谈，对他们共同的经历达成更深的理解和更完整的了解。他们意识到别人可以看到自己看不见的东西，发现扩大他们对看到的东西的理解所具有的价值。在一次成功的学习之旅中，深度学习超越了学习群体，它既包括来访者，也包括被访者。

倾听项目和对话访谈

我们中的很多人不曾被真诚地倾听。最常见的倾听形式是我们不断地判断说话者在说什么，或等待一个机会说出我们自己想说的话。当你创造了一种真正提问的机会时，敞开心扉去倾听，并与其他人所说的话联系起来，你就可以真正帮助那个人发现他拥有连自己都未意识到的知识。通过开放式对话深入探究受访者的生活经历、知识、需要和关心的事，这些问题被带入他们内心深处的生活之中。他们自己意识到以前从未见过的事情,有关他们如何感受以及他们能为它做些什么。

这种访谈和倾听与很多情境相关。这可能是一种动员人们参与特定项目、建立网络或仅仅是激发他们作为个体行动的方式。例如,"倾听项目"(listening projects)是社区组织的一项具体活动,自20世纪80年代早期就开始使用。在此项目中,训练有素的采访者挨家挨户地询问一些有关当地事务的有力问题。访谈通常持续约1小时。一旦受访者确信采访者的意图是真诚的,并且这个人是在真诚地倾听而不是评判他们,他们会敞开心扉,分享自己的观点。该项目不是通过告诉人们应该做什么而引发变化,而确实仅通过提问和倾听。

苏格拉底式对话

苏格拉底式对话(Socratic dialogue)是对真理的寻求。显然,这种方法的起源和名字皆来自古希腊哲学家苏格拉底的生活。它通常发生在一个很小的群体中,如一个6人小组。苏格拉底式对话的最重要规则是"为自己着想"。对话通常以一个哲学问题开始,即一个可以通过反思来回答的基本问题。参与者被请求推迟和悬置其判断,以一种开放的心态探寻这一问题。主持人鼓励、提问,并温和地质问学生或参与者,让他们更深入地进行推理。他们努力达成共识，不是因为必须达成共识，而是因为达成共识的愿望有助于深化调查并深入听取所有的观点。他们允许其基本假设显现、被解构和验证。

苏格拉底式对话的关键是，当问题是哲学问题时，它总是被用于分享具体的经验，并且群体始终保持与这种具体经验的联系。参与者也引用了一些具体事例，反对所说可以得到验证这一观点。参与者从对具体事例的深刻理解中得到洞见，与此同时，也从他们自己的思考中获得自信。

故事对话

正如在介绍圈子时提到的，人类总是使用故事来进行交流。在我们有文字之前，便使用故事在代际间传递信息和智慧，因为故事比那些独立的事实和概念更容易记忆。在某种意义上，我们的故事"与生俱来"（hardwired）。然而，我们倾向于将我们试图传达的概念合理化，并否认其与描述它们的个人故事相关。

故事对话（story dialogue）技术是拉邦特（Ron Labonte）和费瑟斯通（Joan Featherstone）在加拿大的社区发展与健康部门工作期间提出的。他们将它视为跨越实践和理论之间鸿沟的桥梁，以及认识人们在自己生活中拥有的专业技能的方式。故事对话使用故事来探查社区中的重要主题和问题,包括从个性化体验到概括化知识。

在故事对话中,个体被邀请围绕一个生成性主题——一个为这个群体提供能量和可能性的主题,写出和讲出自己的故事。当一个人分享他的故事时,其他人要专心听,有时也需要做笔记。故事讲述之后是圈子反馈,每个人都要分享故事讲述者的故事与他们的故事的相似之处和不同之处。一个结构化的对话力求由以下问题引导:"是什么"(故事是什么),"为什么"(为什么故事中的事件会像那样发生),"现在是什么"(我们的见解是什么),"那又怎样"(我们将要做些什么)。该群体以创建"见解卡片"作为结束,将每个见解写在彩色卡片上,并根据主题为其分组。

受压迫者剧场

在20世纪50年代的巴西,戏剧导演博尔(Augusto Boal)提出为什么戏剧是"独白"的问题。为什么观众总是被动地观看表演?他开始了互动戏剧的实验,创造了观众与舞台之间的"对话"。他假设,所有人类之间的对话都是普遍的、健康的动力,压迫是缺少对话和独白支配的结果。在过去50年中,受压迫者剧

映射对话：社会变革的重要工具
Mapping Dialogue: Essential Tools for Social Change

场（Theatre of the Oppressed,TO）已发展为由多种游戏和互动剧场技术组成的大型系统,被应用于世界各地的社区。受压迫者剧场主要作为一种工具诞生,通过使"受压迫者"将独白转变为对话,具体地改造其社会。所有的受压迫者剧场技术都为参与者设置了困境并提出了挑战,涉及特定社区和大多数社会的核心社会问题与权利结构。这种技术能帮助人们将脑中的想法变为实践。它使不同文化和教育水平的人见面,也允许人们获取更多的无意识动力。如今,除了博尔,受压迫者剧场工作坊还由数百名主持人经营,它不仅在剧院中是行动的优秀训练场所,在生活中也是如此。最为著名的受压迫者剧场形式是论坛剧场（forum theatre）。在论坛剧场中,以戏剧场景的形式为群体设置了两难困境,这个两难困境通常会产生消极的结果。参与者被要求扮演其中一个演员的角色,并尝试改变这一结果。他们被要求想象新的可能性和问题解决方案,并积极地尝试使它们在此刻变成现实。作为群体问题解决、高互动想象、亲身实践、信任、乐趣和积极的人际动力的结果,参与者了解到他们是问题永久化的一部分,以及如何才能成为自身解放的源泉。

21世纪城镇会议

你如何吸引 5 000 个居民积极参加一场城镇会议,并使他们每个人对公共决策作出实质性投入？这是在美国声音(AmericaSpeaks)创办的 21 世纪城镇会议(The 21st Century Town Meeting)上发生的事情。通过更新传统新英格兰城镇会议模式,满足当今民主政治发展的需求,美国声音恢复了公民的话语权。在集会上,很多有益的协商在 10—12 名参与者的桌子上诞生。然后,运用技术将这些讨论结果转化成综合建议。每桌通过无线电脑提交他们的想法,整个群体对最终提议进行投票。结果会实时编纂成报告,以便参与者会后将其带回自己家中,立即确定优先事项和建议。自 1995 年该组织成立以来,美国声音的这一方法在 50 个州和哥伦比亚特区的 50 多个大型论坛中吸引了 65 000 多名参与者。这些会议处理了地方、州和国家从社会保障改革到市政预算和区域规划等一系列问题的决策。

III

结语：非洲对话

本书创作于非洲，最初的想法也形成于非洲，而最初的读者也是非洲人，而且不能不提的是，很多有影响力的工具的历史都可以追溯到非洲。着手写这本书的时候，我们意识到从西方引进对话方法至非洲是荒谬的，因为在非洲，对话已深深根植在文化之中。非洲是人类文明的发源地，是人类第一次围坐在一起交流的地方。我们在考察最近的对话方法时，也想去探究和认识对话的传统。

我们开始探寻非洲的对话，旨在澄清和更好地理解"lekgotla""imbizo""indaba"等术语的意义。这些代表非洲传统集会的术语在一些国家已普及。

我们认为，尝试在这里简要记录我们迄今为止所学的内容

结语：非洲对话

对我们来说至少是有意义的。然而，需要指出的是，这种探索远大于本书的范围。第一，我们不可能全面总结出非洲人对话和对话过程的特点，因为非洲是一个拥有成千上万个社会团体的大陆，每个社会团体在管理、决策和社区生活等方面都有自己的独特性。第二，他们使用的会议形式与其广泛多样的文化不可分离。第三，如果我们真想全部参与这些对话过程，它们便真的会挑战我们的基本假设和已有观念。本部分的灵感来自对莫斯噶（Magomme Mosoga）博士和那乌拉·德拉米尼（Nomvula Dlamini）博士的访谈，以及我们自己的经历和一些阅读资料，它只能作为一般描述阅读，而不能作为事实证据引用。

生活对话

想象一个"典型的"非洲传统村落。在这个村落中，对话作为一个从家庭到社区的连续过程始终很活跃。白天妇女们在河边见面，年轻男子和男孩在放牛的时候交谈，家人围坐在篝火边分享自己的故事。对话就这样交织在一起。通过口述历史、故事和谚语，社区的原则和规则便得到分享与延续。

映射对话：社会变革的重要工具
Mapping Dialogue: Essential Tools for Social Change

> 我们最终的目的是社会和群体的和谐与幸福。乌班图不会说："我思故我在。"它会说："我是人类。我参与，我分享。"
>
> ——图图（Archbishop Desmond Tutu）

这些不间断的谈话是一种生活方式。在必要时，村落里的男人会聚集起来参加专门的会议（"lekgotlas"或"imbizos"），对村子里发生的事情进行概览并作出决定。但这只是村落对话的很小一部分。妇女、年轻人和家庭以外的交谈影响着集会（lekgotla）上的对话。对话总是伴随着一个根深蒂固的意识开始，即这些谈话不只是个人之间的交流。每个人都与一个家庭、社区和一群长辈联系在一起。他们代表了一个更大的整体。他们不只是为自己说话，也不只是为自己互动。

交流不只是直接的和口头的。艺术、戏剧、打击乐和歌曲都被用作交流的方式，特别是在解决那些难以面对的问题时。特别是女性，可能会谱写一首新歌来交流她们正在经历的事情。社区在某种程度上甚至在构架上专为交谈和会议而设计。房间是圆形的，篝火也是圆形的，房子彼此联系起来组成了一个圆圈。对话已嵌入这种物理空间。

Ⅲ
结语：非洲对话

村庄集会

博茨瓦纳的村庄集会可能是南非记录得最充分的非洲会议过程。最近，这种会议经常受到批评，因为它必须由村长召集，而且只包含村落中的男性，但是很多人认为妇女和年轻人可以采用其他方式将他们的问题传达给村庄集会。[在南非北部的文达文化(Venda culture)中，最终的决定显然是由村落中的女首领通过的。]我们认为，将这种对话标识为村庄集会尽管可能不合适，但我们感觉能从这种跨性别对话过程中总结出经验也是很有用的。

在某个村落中，召开村庄集会的决定不一定是公开透明的。村长的顾问们在社区中起着倾听和关注出现的问题的作用。当问题出现后，他们将问题带入村庄集会以确保对话在冲突升级之前尽可能早的开始。

村庄集会通常在户外进行，因为户外空间不属于任何人。这给人们提供了一种自由、开放、真诚地邀请人们参加集会并发言的感觉。对话过程也没有时间限制。它可以持续几天或几个星期，直到提出的问题得到解决。根据那乌拉·德拉米尼(Nomvula Dlamini)的观点，"人们的生活随时间而展开，但时间

映射对话：社会变革的重要工具
Mapping Dialogue: Essential Tools for Social Change

不会被强加在人们的生活之上"。这是与现代世界完全不同的时间概念，并且是一种基本的思维框架。那乌拉·德拉米尼指出，这种不受时间限制的自由可以使参与者悬置判断，并愿意在没有催促的环境下倾听他人的观点和故事。

村庄集会以圈子的形式召开。圈子代表着团结，而且参与者意识到，只有当他们作为一个整体团结起来时，他们才能解决自己的问题。圈子还保证他们面对面地交流，真诚地与另一个人说话。当他们聚集在一起时，他们问候圈子内的每个人。他们确保那些对过程真正重要的人在场。尽管他们按顺序入座，按顺序发言，但重点是每一个声音都能被平等地听到。

对话是开放的。每个人依次谈论某个问题如何直接影响他们的生活。没有任何东西可被看作一种独立事件。人们在相互尊重的环境下不限时间地倾听所有的故事。对时间的不同取向使得倾听质量更高，每个人的声音都能得到倾听并被给予相同的权重。在听完其他人的观点之前，同一个人不能发言两次或作出回应。沉默也是对话过程不可分割的一部分，因为在每次发言之间，发言内容需要得到充分理解。情感被自由而有建设性地表达。对话过程可使每个参与者反思和评价自己与社区有

结语：非洲对话

关的行为。

村庄集会在一定程度上是对冲突进行裁决的法庭，但它也是一种普通集会，关注村子面临的主要问题。在解决不公平问题时，焦点很少置于判决对错或惩罚上，更多的是修复关系和寻找前进的道路。在澄清所发生的事情的过程中，被告人的声音总是最先被听到，而且他最后还有一次评价的机会，评估群体决定是否公平，他被要求恢复与重建的是否在他的能力范围内。他从未被要求保持沉默。

群体要对问题负集体责任。解决方案是有意义地共同探索出来的，而不是由某一方强加的，其取向是共识和妥协。社区的集体需求处于中心地位，高于所有个人需求，并且关切的始终是对社区而言最好的东西。按西方人的思维来说，这听起来具有压迫性，但是在这种文化中，这不是一种牺牲，因为对集体有益的事情与对个体有益的事情是完全交织在一起的。所谓自由就是，只要你不以损害他人的自由为代价，你就应该获得最大程度的自由。

通过持续不断的社区对话，原则和对错观念达成了一定程度的共识。随后，这些原则通过村庄集会的审议加以应用，决定某一特定情境下应该做些什么。对于每种情境，法律并未作出标准化的规定。

吸取教训

传统非洲社区的整体性对话背后的一些根深蒂固的世界观似乎与现代生活格格不入。我们不是最重要的个体而是社区成员，我们不需要成为时间的奴隶，这种思想很难在他们中全面实践。但是探索非洲文化可以挑战我们的思维方式，而且如果我们改变我们的世界观，我们一定会收获启发，看看我们的对话的性质将如何改变。

本书探讨的很多工具和方法都受到类似基本观点和文化实践的启发，就像我们从上文所述的传统非洲村落中了解的那样。一些人直接从非洲的土壤中找到灵感，另一些人则从具有相似信仰的美洲土著传统中找到灵感。他们中的很多人都持有永恒回归（return to circular time）的信念，与时间和结构相比，聚集的人和目的更为重要。他们中的大多数人将圈子作为将人们聚集成一个完整整体的方法来使用。

对话在很多方面都是为了创造一种团结在一起的文化——

结语：非洲对话

让每个声音都被听到，为社区和整个社会服务。我们呈现的很多方法似乎回归到我们已知的我们自己的文化和非洲历史中的东西。将西方方法带到对话和谈话的起源地看似不合适，但仍可以肯定的是，这些方法中的许多回归了我们自身的根源。许多过程还明确地认识到故事讲述是一种分享启发性知识的方式，并建立在对过去和现在最好的记忆的基础上。

附录 A

目标评价概述

对话的目标										
意识生成	问题解决	关系建立	知识分享	创新	共有愿景	能力构建	个人发展或领导能力开发	冲突解决	战略或行动计划	决策
欣赏型探究										
√√	√	√√	√√	√√	√√√	√	√√	√	√√√	√√
变革实验室										
√√√	√√	√√	√√	√√√	√√	√√	√√	√	√√√	√√
圈子										
√√	√√	√√√	√√	√√	√√√	√	√√	√√	√	√√
深度民主										
√√√	√√	√√	√	√√	√	√√	√√	√√√	√	√√√

续 表

对话的目标											
意识生成	问题解决	关系建立	知识分享	创新	共有愿景	能力构建	个人发展或领导能力开发	冲突解决	战略或行动计划	决策
未来探索											
√√	√√	√√	√√	√√	√√√	√	√	√	√√√	√√
巴以和平学校											
√√	√√	√√√	√√√	√	√√	√√	√√	√√√	√	√
开放空间技术											
√√	√√√	√√	√√√	√√	√√	√√	√√	√√	√√√	√√
远景规划											
√√	√√	√√	√√	√√√	√√	√	√√	√√	√√√	√√
持续性对话											
√√√	√√	√√√	√√√	√	√√	√	√√	√√	√√	√
世界咖啡馆											
√√	√√√	√√√	√√√	√√	√√	√√	√√	√	√	√

附录 B

环境评价概述

对话的环境										
情境				参与者						主持
低复杂度	高复杂度	冲突情境	和平情境	小群体（<30）	大群体（≥30）	微观世界或多方利益相关者	对等群体	权利的多样性	文化的多样性	特殊训练要求
欣赏型探究										
√√	√√	√	√√√	√√√	√√√	√	√√√	√	√√	√
变革实验室										
√	√√√	√√	√√	√√√	√	√√√	√	√√	√√	√√
圈子										
√√	√√	√√	√√√	√√√	√	√√	√√√	√√	√√√	√

续 表

对话的环境										
情境				参与者						主持
低复杂度	高复杂度	冲突情境	和平情境	小群体(<30)	大群体(≥30)	微观世界或多方利益相关者	对等群体	权利的多样性	文化的多样性	特殊训练要求
深度民主										
√√	√√	√√√	√√	√√√	√	√√	√√	√√	√√	√√√
未来探索										
√√	√√√	√√	√√	√	√√	√√√	√	√√	√√	√√
巴以和平学校										
√	√√	√√√	√	√√√	√	√√	√√	√√√	√√	√√√
开放空间技术										
√√	√√	√	√√	√√	√	√√	√√	√	√√	√
远景规划										
√	√√√	√	√√	√√	√	√√	√√	√√	√√	√√
持续性对话										
√	√√	√√	√	√√√	√	√√	√√	√√	√√	√√
世界咖啡馆										
√√	√√	√√	√√	√√	√√	√√√	√√	√√√	√√√	√

参考资料

欣赏型探究

Frank Barrett, and Ron Fry (2005). *Appreciative Inquiry: A Positive Approach to Building Cooperative Capacity.*

David Cooperrider, Diana Whitney and Jacqueline Stavros (2007). *Appreciative Inquiry Handbook.*

David Cooperrider and Diana Whitney (2005). *Appreciative Inquiry: A Positive Revolution in Change.*

Diana Whitney, Amanda Trosten-Bloom and David Cooperrider (2003). *The Power of Appreciative Inquiry: A Practical Guide to Positive Change.*

http://www.appreciative-inquiry.org

http://www.imaginechicago.org

变革实验室

Peter M. Senge, Otto Scharmer, Joseph Jaworski and Betty Sue Flowers (2004). *Presence: Human Purpose and the Field of the Future*.

Otto Scharmer (2007). *Theory U*.

Adam Kahane (2005). *Solving Tough Problems*.

http://www.sustainablefoodlab.org

http://www.ottoscharmer.com

http://www.generonconsulting.com

http://www.reospartners.com

http://www.dialogonleadership.org -Documentation of a series of rich and in-depth interviews with innovators in this field, conducted primarily by Otto Scharmer

圈子

Christina Baldwin (1994). *Calling the Circle: The First and Future Culture*.

http://www.peerspirit.com

http://www.fromthefourdirections.org

深度民主

http://www.deep-democracy.net

未来探索

Marvin Weisbord and Sandra Janoff (1995, 2000). *Future Search: An Action Guide to Finding Common Ground in Organizations and Communities*.

http://www.futuresearch.net

巴以和平学校

Rabah Halabi (Ed.) (2004). *Israeli and Palestinian Identities in Dialogue: The School for Peace Approach*.

http://sfpeace.org

开放空间技术

Harrison Owen (1997). *Expanding Our Now: The Story of Open Space Technology*.

Harrison Owen (1997). *Open Space Technology, A User's Guide*.

http://www.openspaceworld.com

远景规划

M. Hansen et al. (1999). What's Your Strategy for Managing Knowledge? In *Harvard Business Review*: 106 – 117.

C. Illbury and C. Sunter (2001). *The Mind of a Fox: Scenario Planning in Action*.

P. Schwartz (1991). *The Art of the Long View: Planning for an Uncertain World*.

K. Van der Heijden (1996). *The Art of Strategic Conversation*.

A. Kahane (2004). *Solving Tough Problems*.

P. Senge et al. (1994). *The 5th Discipline Fieldbook*.

持续性对话

Harold A. Saunders (1999). *Public Peace Process: Sustained Dialogue to Transform Racial and Ethnic Conflicts*.

Sustained Dialogue: A Citizen's Peace Building Process — Guide prepared by Teddy Nemoroff.

Diving. In *A Handbook for Improving Race Relations on College Campuses Through the Process of Sustained

映射对话：社会变革的重要工具
Mapping Dialogue: Essential Tools for Social Change

Dialogue, By Teddy Nemeroff & David Tukey.

Empowering Zimbabwean Youth Through Sustained Dialogue by Teddy Nemeroff (case study prepared for UNDP).

www.sdcampusnetwork.org

www.sustaineddialogue.org

www.kettering.org

世界咖啡馆

Juanita Brown and David Isaacs (2005). *The World Café: Shaping Our Futures through Conversations that Matter*.

http://www.theworldcafe.com

伯姆对话

David Bohm (1996). *On Dialogue*.

David Bohm, Donald Factor and Peter Garrett (1991). *Dialogue: A Proposal*.

www.laetusinpraesens.org

公民委员会

Tom Atlee (2002). *The Tao of Democracy*.

http://co-intelligence.org

http://www.wisedemocracy.org

实践社区

Etienne Wenger (1998). *Communities of Practice: Learning, Meaning and Identity*.

www.etiennewenger.com

深层生态学

Joanna Macy and Molly Young Brown (1998). *Coming Back to Life: Practices to Reconnect our Lives, our World*.

www.deepecology.org

www.joannamacy.net

动态促进和选择创建

ww.ToBE.net

www.SocietysBreakthrough.com

图形促进

www.groveconsulting.com

www.biggerpicture.dk

倾听项目和对话访谈

www.listeningproject.info

www.dialogonleadership.org

苏格拉底式对话

www.socraticmethod.net

故事对话

http://www.evaluationtrust.org/tools/story.html

受压迫者剧场

Augusto Boal (1992). *Games for Actors and Non-Actors*.

http://www.theatreoftheoppressed.org

21 世纪城镇会议

www.americaspeaks.org

中英文术语对照表

21世纪城镇会议 /The 21st Century Town Meeting
变革实验室 /change lab
辩护 /advocacy
辩论 /debate
玻璃鱼缸 /fishbowl
伯姆对话 /Bohmian dialogue
不干涉主义 /laissez-faire
持续性对话 /sustained dialogue
重新联结工作 /work that reconnects
创新务虚会 /innovation retreat
达特茅斯会议 /Dartmouth Conference
动态促进 /dynamic facilitation
对话召集人 /dialogue conveners
方法追踪 /method fingerprint
非政府组织 /NGOs
工具之间的相关依赖 /tool-related dependence
工作坊 /workshop
公民委员会 /citizen councils
共同呈现 /co-presencing
共同创新 /co-creating
共同感知 /co-sensing
故事对话 /story dialogue
国际儿童夏令营村 /Children's International Summer Villages, CISV
过程取向心理学 /process-orientated psychology
过度准备 /over-prepared
和平绿洲 /oasis of peace
荒野独处 /wilderness solo
灰雾 /grey fog
会议 /conference

映射对话：社会变革的重要工具
Mapping Dialogue: Essential Tools for Social Change

焦点群体/focus groups
局内人/局外人/insider/outsider
开放空间/open space
开放空间技术/open space technology
可持续食品实验室/sustainable food lab，SFL
可能性思维/possibility thinking
联合国儿童基金会/UNICEF
美国声音/AmericaSpeaks
南非民主研究所/Institute for Democracy in South Africa，IDASA
能力库存/capacity inventories
倾听项目和对话访谈/listening projects and dialogue interviewing
缺陷思维/deficit thinking
萨摩亚圈子/samoan circle
沙龙/salon
社区会议/community meeting
社区资产地图/community asset map
呻吟区/groan zone
实际工具箱/actual toolkit
实践社区/communities of practice
受压迫者剧场/theatre of the oppressed，TO

苏格拉底式对话/Socratic dialogue
太空望远镜/space-based telescope
谈话会议/conversation council
谈话主题/talking piece
谈判/negotiation
讨论/discussion
特殊专业领域的工具/tool-specific expertise
同事学习圈/PeerSpirit
图形促进/graphic facilitation
未来探索/future search
系统拐点/leverage points
想象运动/Imagine Movement
欣赏型探究/appreciative inquiry，AI
选择创建/choice-creation
学习之旅/learning journeys
亚结构/under-structured
亚身份/sub-identities
因纽特人/Inuit people
原型模式/archetypal patterns
远景规划/scenario planning
远景规划过程/scenario processes
主持人/facilitator
咨询/consultation

中英文人名对照表

J.克里希纳穆尔蒂 /J.Krishnamurti
阿夫纳·哈拉马蒂 /Avner Haramati
阿伦·纳斯 /Arne Naess
阿诺德·明德尔 /Arnold Mindel
安东尼·布莱克 /Anthony Blake
奥古斯托·博尔 /Augusto Boal
奥托·沙尔默 /Otto Scharmer
巴斯·德拉米尼 /Busi Dlamini
巴特耶·普鲁伊特 /Bettye Pruitt
鲍伯·斯蒂尔格 /Bob Stilger
比尔·伊萨克斯 /Bill Isaacs
比约恩·布伦斯塔德 /Bjorn Brunstad
彼得·德鲁克 /Peter Drucker
彼得·施瓦茨 /Peter Schwartz
布利斯·布朗 /Bliss Browne
黛安娜·惠特尼 /Diana Whitney
戴维·伯姆 /David Bohm
戴维·库珀里德 /David Cooperrider
戴维·伊萨克斯 /David Isaacs
道格·里勒 /Doug Reeler
蒂姆·梅里 /Tim Merry
芬恩·乌特奥夫 /Finn Voldtofte
格雷格·刘易斯 /Greg Lewis
哈尔·桑德斯 /Hal Saunders
哈里森·欧文 /Harrison Owen
哈罗德·桑德斯 /Harold Saunders
海科·勒尔 /Heiko Roehl
赫尔曼·卡恩 /Herman Kahn
吉姆·拉夫 /Jim Rough
卡斯腾·奥姆 /Carsten Ohm
凯特·帕罗特 /Kate Parrot
科琳·马格纳 /Colleen Magner
克兰姆·松泰尔 /Clem Sunter

映射对话：社会变革的重要工具
Mapping Dialogue: Essential Tools for Social Change

克里斯蒂娜・鲍德温 /Christina Baldwin
肯尼思・J. 格根 /Kenneth J. Gergen
拉巴赫・哈拉比 /Rabah Halabi
莱昂・奥尔森 /Leon Olsen
罗恩・拉邦特 /Ron Labonte
马尔温・威斯鲍德 /Marvin Weisbord
玛格丽特・惠特利 /Margaret Wheatley
玛格丽特・米德 /Margaret Mead
玛丽・格根 /Mary Gergen
玛丽安娜・克努特 /Marianne Knuth
玛丽安娜・米勒・博耶尔 /Marianne Mille Bojer
玛瑟茫格・迪亚贺 /Mothomang Diaho
麦刚密・莫斯噶 /Magomme Mosoga
毛格姆・阿尔菲厄斯・马索加 /Mogomme Alpheus Masoga
默纳・刘易斯 /Myrna Lewis
娜奥米・沃伦 /Naomi Warren
纳尔逊・曼德拉 /Nelson Mandela
那乌拉・德拉米尼 /Nomvula Dlamini
尼克・怀尔丁 /Nick Wilding
皮埃尔・瓦克 /Pierre Wack
乔安娜・梅西 /Joanna Macy
乔治・凯利 /George Kelly
琼・费瑟斯通 /Joan Featherstone
桑德拉・简奥夫 /Sandra Janoff
尚塔尔・亦由博瑞 /Chantal Illbury
苏雷什・斯里瓦斯塔瓦 /Suresh Srivastava
特迪・内梅罗夫 /Teddy Nemeroff
托克・莫勒 /Toke Moeller
维恩・哈里斯 /Verne Harris
希尔帕・珍 /Shilpa Jain
肖恩・约翰逊 /Shaun Johnson
雅布罗・恩德贝莱 /Njabulo Ndebele
亚当・克内 /Adam Kahne
伊莱恩・麦凯 /Elaine Mckay
伊斯梅尔・默克哈贝拉 /Ishmael Mkhabela
约翰・塞缪尔 /John Samuel
约翰・锡德 /John Seed
约瑟夫・贾沃斯基 /Joseph Jaworski
约斯泰因・戈德尔 /Jostein Gaarder
泽尔达・格兰奇 /Zelda la Grange
扎伊德・哈桑 /Zaid Hassan
朱厄妮塔・布朗 /Juanita Brown

玛丽安娜·米勒·博耶(Marianne Mille Bojer)[**bojer@reospartners.com**]

博耶尔是一位经验丰富的主持人和群体对话与变革过程的设计者。她出生于丹麦,长期在埃及、美国、布基纳法索、新西兰、巴西和南非等地生活。她曾在南非的"Reos"社会创新组织中工作,关注领导力开发,以及解决和应对艾滋病儿童和孤儿问题的多方利益相关者项目。米勒也是"变革先锋"的创建者之一,在促进学习社区、主持对话以及网络和组织建立方面积累了广泛经验。她的专业是国际发展研究。

海科·勒尔(Heiko Roehl)[**hr@heikoroehl.de**]

勒尔是社会发展干预计划的设计者,热衷创造可选择未来的工作。他是德国技术联合会的企业组织领导,曾供职于柏林和保罗阿尔托的戴姆勒社会与技术研究智囊团。2002年到2006年,被德国联邦政府经济合作和发展部门借调到位于南非约翰内斯堡的曼德拉基金会以支持曼德拉法律援助组织打击艾滋病传播。他的专业是心理学和组织理论,具有社会学博士学位,并且出版了大量有关组织和社会变革的专著,是德国《组织发展与变革管理》杂志的编辑。

玛丽安娜·克努特(Marianne Knuth)[knuth@reospartners.com]

克努特是个人与群体学习和共创的主持人,"Reos"社会创新组织的合作人。她与博耶尔和马格纳共同创建了"变革先锋"组织。她关注南非在国家水平上围绕孤儿和伤残儿童挑战的多方利益相关者的对话和活动。她在津巴布韦建立了库方达学习村,并在 2004 年当选为爱创家伙伴(Ashoka Fellow)。她具有哥本哈根商学院国际商务与金融的硕士学位。从 2001 年起,一直教授有关主持有意义的战略性对话艺术的课程。

科琳·马格纳(Colleen Magner)[magner@reospartners.com]

马格纳的专业领域是社会创业和室外学习方法,她关注对话和体验式学习。她毕业于南非伊丽莎白港大学,获法律和经济学双学位,在祖鲁纳塔尔大学获得组织变革和知识管理硕士学位。她与博耶尔、克努特共同创建了"变革先锋"组织。她是"Reos"社会创新组织的合作人,还是戈登商业科学院(GIBS)的教员,在该学院从事政策、领导和性别研究的管理工作。马格纳已督导很多关于社会创业的教学案例,并且主编了《从尘埃到钻石:南非社会创业的故事》一书。她还参与了哈佛商学院"使市场运行"和"实践教学的管理"项目。

 **陶斯研究院出版集团简介**

  陶斯研究院是一家非盈利性机构，致力于发展和践行造福世界的社会建构论。建构主义理论和实践将人与人之间相互沟通的过程视为意义、价值和行动产生的根源，聚焦于关系的过程及结果为人类带来的福祉。陶斯研究院出版集团致力于出版社会建构领域最新的理论和实践读物。这些书针对的读者群为社会建构论的研究者、相关从业者、学生以及其他对该领域感兴趣的人。"焦点系列丛书"(Focus Book Series)向人们阐释和介绍社会建构论的含义、重要概念和实用案例，而"专业系列丛书"(Books for Professional Series)提供更有深度的研究，重点关注社会建构论研究和实践领域的最新发展。这两套丛书对个体、家庭、组织、社区、社会变革等相关领域的社会科学家及从业者都具有重要的阅读价值。

肯尼思·J. 格根
陶斯研究院董事会主席

陶斯研究院董事会成员

贺琳·安德森(Harlene Anderson)

戴维·L. 库珀里德(David L. Cooperrider)

罗伯特·科特(Robert Cottor)

肯尼思·J. 格根(Kenneth J. Gergen)

玛丽·格根(Mary Gergen)

希拉·麦克纳米(Sheila McNamee)

黛安娜·惠特尼(Diana Whitney)

陶斯研究院出版集团编辑

贺琳·安德森(Harlene Anderson)

简·加洛韦·赛林(Jane Galloway Seiling)

杰姬·斯塔夫罗斯(Jackie Stavros)

执行董事

唐·多尔(Dawn Dole)

了解陶斯研究院的更多信息,请访问:www.taosinstitute.net

图书在版编目(CIP)数据

映射对话:社会变革的重要工具/(丹)玛丽安娜
·米勒·博耶尔等著;贾林祥译.—上海:上海教育
出版社,2019.10
(社会建构论译丛)
ISBN 978-7-5444-9260-7

Ⅰ.①映… Ⅱ.①玛…②贾… Ⅲ.①对话—作用—
社会变革—研究 Ⅳ.①K02②I045

中国版本图书馆 CIP 数据核字(2019)第 192304 号

策划编辑　谢冬华
责任编辑　王佳悦
封面设计　陆　弦

Mapping Dialogue: Essential Tools for Social Change, by Marianne Bojer, Heiko Roehl, Marianne Knuth, Colleen Magner.
ISBN: 978-0-9712-3128-3
Chinese language translation rights granted by the English language publisher, Taos Institute Publications.
First published by Taos Institute Publications -Copyright © 2008, www.taosinstitate.net All Rights reserved. This translation published under license.
上海市版权局著作权合同登记号 图字 09-2012-439 号

社会建构论译丛
杨莉萍　[美]肯尼思·J.格根　主编
映射对话:社会变革的重要工具
[丹麦]玛丽安娜·米勒·博耶尔　[德]海科·勒尔
[丹麦]玛丽安娜·克努特　[南非]科琳·马格纳著
贾林祥 译

出版发行	上海教育出版社有限公司	
官　　网	www.seph.com.cn	
地　　址	上海永福路 123 号	
邮　　编	200031	
印　　刷	上海盛通时代印刷有限公司	
开　　本	890×1240　1/32　印张 7.125　插页 4	
字　　数	110 千字	
版　　次	2019 年 11 月第 1 版	
印　　次	2019 年 11 月第 1 次印刷	
书　　号	ISBN 978-7-5444-9260-7/C·0022	
定　　价	59.00 元	

如发现质量问题,读者可向本社调换　电话:021-64377165